년   월   일

이름

Year-End Reflection
& New Year Resolution With Jesus

다시 반복되는 하루일지라도
예수 안에 있는 당신에게는
다시 일어나
새롭게 성장하는 새날이 될 것입니다

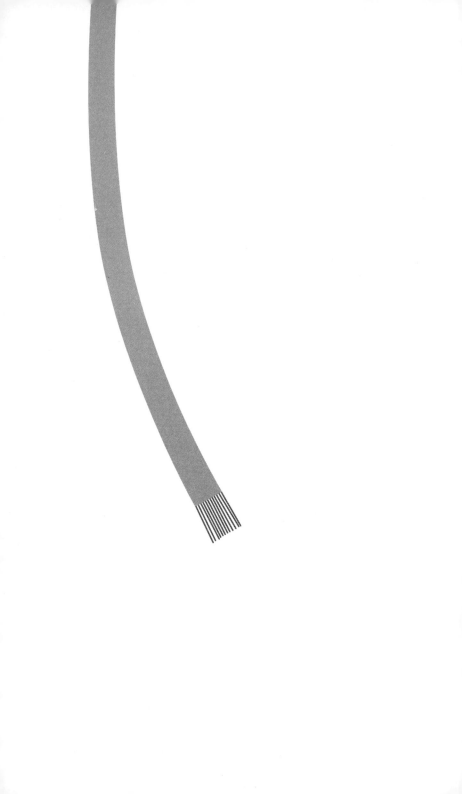

예수님과 함께하는
연말결산
말씀으로 이끄시는
새해결심

원의숙·헤이필드

예수님과 함께하는 연말결산은 '잔치'가 되고
말씀으로 이끄시는 새해결심은 '성취'될 것입니다

> "너희를 향한 나의 생각을 내가 아나니
> 평안이요 재앙이 아니니라
> 너희에게 미래와 희망을 주는 것이니라." 렘 29:11b

연말결산의 때가 돌아왔습니다. 한 해 동안 어떻게 보내셨나요? 지난 삶을 돌아보고 앞으로 나아가기 위한 당신의 연말결산과 새해결심을 곁에서 도우며 응원하고 싶습니다. 당신의 시간 너머에서 일하신 하나님의 열심을, 그분의 사랑을, 한량없는 은혜를 함께 노래하길 원합니다. 무엇보다 새해를 향해 첫발을 내딛는 당신에게 '당신을 향한 주님의 생각'을 그분의 말씀으로 계속해서 불어넣어 드리고 싶습니다. 그분의 생각은 당신에게 평안이요 미래와 희망을 주는 것이기 때문입니다.

이 책은 한 해를 돌아보며 새해로 나아가는 35일간의 여정이 다섯 단계로 진행됩니다. 내 삶의 속도를 따라 날짜를 자유롭게 적으면서 나아가시되 더 풍성한 나눔을 위해, 그리고 서로를 격려하며 끝까지 마칠 수 있도록 두 명 이상 또는 공동체에서 함께 하시길 권합니다.

REMEMBER 기억편 · REPENT 회개편 · REBUILD 회복편 · REJOICE 예수내기쁨편 · RENEW 새로운시작편

REMEMBER, 지난날을 기억할 때 늘 나와 함께해주신 주님의 은혜를 깨닫고 REPENT, 은혜 안에 깊이 잠길 때 내 죄를 발견하고 회개하며 REBUILD, 참된 회개가 이뤄질 때 영혼육이 바로 세워지고 REJOICE, 예수님이 아니시면 이 모든 것이 헛되나 구원자이신 그분을 만나면 참 기쁨을 누리고 RENEW, 누구든지 예수님과 함께 다시 일어나 새롭게 시작할 수 있다는 메시지를 담고 있습니다. 이는 한 해를 돌아보며 새해를 준비하고 결심하는 이들에게뿐 아니라 이 땅에 오신 예수님을 묵상하며 12월의 절기를 맞이하길 원하는 개인과 공동체에도 매우 유익할 것입니다.

예수님과 함께하는 연말결산, 우리는 후회나 슬픔이 아닌 그분의 영광을 보고 그분으로 인하여 은혜와 진리가 충만한 '잔치'를 누릴 것입니다. 그리고 연말결산이 보여준 미래와 희망의 말씀을 힘입어 주님께서 이끄시고 이루실 새해를 결심하고 내 안에 전심으로 주님을 찾고 구하는 소리가 더욱 높아질 것입니다. 한 해의 삶을 마무리하고 새로운 해를 향해 나아가는 이 시즌에 주님만을 더욱 갈망합니다.

"너희가 내게 부르짖으며 내게 와서 기도하면
내가 너희들의 기도를 들을 것이요
너희가 온 마음으로 나를 구하면
나를 찾을 것이요 나를 만나리라." 렘 29:12-13

프롤로그

Step3 REBUILD

Step4 REJOICE

Step5 RENEW

QR코드를 통해 모든 본문말씀을 '새번역성경'으로 묵상하실 수 있습니다.
다운로드 https://blog.naver.com/beholdbook/223618211874

"은총베를 기억하세요"

연말결산 기억편

REMEMBER

누가알았어 나무 속에 흙이 있고

예수님도 흐느껴 우셨어

한 해를 돌아보니 참 많은 일들이 있었는데요. 먼저 이 시
간 주께서 베풀어 주신 은혜를 기억하며 감사하는 시간을
가지려고 합니다. 시편기자처럼 주를 송축하는 노래로 첫
날을 열어 보세요.

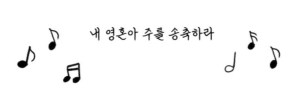

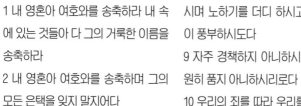

1 내 영혼아 여호와를 송축하라 내 속에 있는 것들아 다 그의 거룩한 이름을 송축하라

2 내 영혼아 여호와를 송축하며 그의 모든 은택을 잊지 말지어다

3 그가 네 모든 죄악을 사하시며 네 모든 병을 고치시며

4 네 생명을 파멸에서 속량하시고 인자와 긍휼로 관을 씌우시며

5 좋은 것으로 네 소원을 만족하게 하사 네 청춘을 독수리 같이 새롭게 하시는도다

6 여호와께서 공의로운 일을 행하시며 억압 당하는 모든 자를 위하여 심판하시는도다

7 그의 행위를 모세에게, 그의 행사를 이스라엘 자손에게 알리셨도다

8 여호와는 긍휼이 많으시고 은혜로우시며 노하기를 더디 하시고 인자하심이 풍부하시도다

9 자주 경책하지 아니하시며 노를 영원히 품지 아니하시리로다

10 우리의 죄를 따라 우리를 처벌하지는 아니하시며 우리의 죄악을 따라 우리에게 그대로 갚지는 아니하셨으니

11 이는 하늘이 땅에서 높음 같이 그를 경외하는 자에게 그의 인자하심이 크심이로다

12 동이 서에서 먼 것 같이 우리의 죄과를 우리에게서 멀리 옮기셨으며

13 아버지가 자식을 긍휼히 여김 같이 여호와께서는 자기를 경외하는 자를 긍휼히 여기시나니

14 이는 그가 우리의 체질을 아시며 우리가 단지 먼지뿐임을 기억하심이로다

• 찬송 받기에 합당하신 하나님은 어떤 분이신가요?(3-14절) 그
  분의 거룩하신 이름을 적어 보세요.

• 본문말씀에서 예수 그리스도의 십자가 복음에 해당하는 구절
  을 찾아 밑줄을 그어 보세요(3-4,12절).

• 내 평생 잊지 말고 꼭 기억할 '하나님께서 나에게 행하신 사랑
  과 공의로운 일'은 무엇인가요?

• 한 해 동안 한갓 티끌 같은 나를 기억하여 주신 하나님을 찬양
  하며 그 은혜를 가까운 이들과 나누어 보세요.

한없는 은총을 베푸시는 주님,

제게 갚을 수 없는 자비와 은혜를 베풀어 주셔서 감사합니다.
제 영혼육과 인생을 살펴주신 주님의 이름을 송축합니다. 한
해를 돌아보니 저를 기억하여 주신 주님의 손길이 얼마나 풍
성한지요! 주의 보혈로 정결해진 그릇에 감사와 찬송과 영광
을 담아 올려드립니다.

온 세상이 들뜬 이 계절에 주께서 행하신 일들을 마음껏 증거
하며 선포하길 원합니다. 제 입술의 고백과 삶의 열매로 주의
이름이 온 땅에 충만하여지길 원합니다. 모든 만물이 주를 기
억하며 찬송의 소리를 높이게 해주세요. 영원에서 영원까지
이르는 아버지의 사랑, 예수 그리스도의 이름으로 기도합니
다. 아멘.

REMEMBER

date ・ ・

한 해를 돌아볼 때에 사람과의 관계 속에서, 하나님과의 관계 속에서 깜빡 잊은 약속이나 아직 지키지 못한 약속이 있진 않나요? 스스로에게 한 약속도 포함해서 기억해보세요. 가능하다면 한 달 안에 어떻게 그 약속을 지킬지 계획을 세워 보세요.

_____

_____

_____

_____

_____

_____

_____

11 내가 오늘 네게 명하는 여호와의 명령과 법도와 규례를 지키지 아니하고 네 하나님 여호와를 잊어버리지 않도록 삼갈지어다

12 네가 먹어서 배부르고 아름다운 집을 짓고 거주하게 되며

13 또 네 소와 양이 번성하며 네 은금이 증식되며 네 소유가 다 풍부하게 될 때에

14 네 마음이 교만하여 네 하나님 여호와를 잊어버릴까 염려하노라 여호와는 너를 애굽 땅 종 되었던 집에서 이끌어 내시고

15 너를 인도하여 그 광대하고 위험한 광야 곧 불뱀과 전갈이 있고 물이 없는 건조한 땅을 지나게 하셨으며 또 너를 위하여 단단한 반석에서 물을 내셨으며

16 네 조상들도 알지 못하던 만나를 광야에서 네게 먹이셨나니 이는 다 너를 낮추시며 너를 시험하사 마침내 네게 복을 주려 하심이었느니라

17 그러나 네가 마음에 이르기를 내 능력과 내 손의 힘으로 내가 이 재물을 얻었다 말할 것이라

18 네 하나님 여호와를 기억하라 그가 네게 재물 얻을 능력을 주셨음이라 이같이 하심은 네 조상들에게 맹세하신 언약을 오늘과 같이 이루려 하심이니라

19 네가 만일 네 하나님 여호와를 잊어버리고 다른 신들을 따라 그들을 섬기며 그들에게 절하면 내가 너희에게 증거하노니 너희가 반드시 멸망할 것이라

20 여호와께서 너희 앞에서 멸망시키신 민족들 같이 너희도 멸망하리니 이는 너희가 너희의 하나님 여호와의 소리를 청종하지 아니함이니라

- 내가 하나님을 잊어버리지 않기 위해 기억할 '주께서 행하신 일들'은 무엇인가요?(14-16,18절)

- 마음이 교만하여 주를 잊어버리고 말씀에 불순종하면 인생의 결국은 어떻게 되나요?(19-20절)

- 한 해를 돌아볼 때, 나를 낮추시고 단련하사 잘되게 하신 '만나의 말씀'과 '성령의 도우심'은 무엇이었나요?

- 죄 아래 종살이하던 나를 이끌어 내어 구원해주신 이유 하나만으로도 예수님을 섬기기에 충분한가요? 아니라면 그렇지 못한 나의 죄의 본성은 무엇인가요?

삶의 인도자 되시는 주님,

어떠한 상황에서도 선하고 유익하게 도와주시는 주님께 감사를 드립니다. 어제와 오늘이 다 주님의 도우심 가운데 있으므로 내일도 감사할 수 있음을 고백합니다.

주님, 제가 풍족하여 하나님을 모른다 하지 않길 원합니다. 또한 교만하여 주님을 잊지 않길 원합니다. 제 삶의 모든 근원은 오직 주님이시오니 제가 주께서 행하신 일들을 잊지 않고 마음에 깊이 새기게 해주세요. 십자가 복음을 붙들고 더 이상 세상의 가치에 종노릇하지 않게 해주세요. 주님을 잊게 하는 제 높은 자아를 날마다 십자가에 못 박아 주세요. 주의 말씀과 성령의 권고를 청종함으로 생명의 길을 걷게 하실 주님만 의지합니다. 나의 주권자 되시는 예수 그리스도의 이름으로 기도합니다. 아멘.

....
....
....
....
....
....
....
....
....
....

REMEMBER

date · ·

한 해를 돌아보니 혼자가 아닌 '함께'였기에 감당할 수 있었던 일들이 참 많이 있었습니다. 새해를 맞아 감사한 사람들을 초대하여 식사를 대접한다면, 어떻게 상을 차리고 싶으세요? 테이블 위에 글이나 그림으로 표현해보세요. 아, 드레스코드도 있다면 알려 주세요.

데살로니가전서 1장

1 바울과 실루아노와 디모데는 하나님 아버지와 주 예수 그리스도 안에 있는 데살로니가인의 교회에 편지하노니 은혜와 평강이 너희에게 있을지어다

2 우리가 너희 모두로 말미암아 항상 하나님께 감사하며 기도할 때에 너희를 기억함은

3 너희의 믿음의 역사와 사랑의 수고와 우리 주 예수 그리스도에 대한 소망의 인내를 우리 하나님 아버지 앞에서 끊임없이 기억함이니

4 하나님의 사랑하심을 받은 형제들아 너희를 택하심을 아노라

5 이는 우리 복음이 너희에게 말로만 이른 것이 아니라 또한 능력과 성령과 큰 확신으로 된 것임이라 우리가 너희 가운데서 너희를 위하여 어떤 사람이 된 것은 너희가 아는 바와 같으니라

6 또 너희는 많은 환난 가운데서 성령의 기쁨으로 말씀을 받아 우리와 주를 본받은 자가 되었으니

7 그러므로 너희가 마게도냐와 아가야에 있는 모든 믿는 자의 본이 되었느니라

8 주의 말씀이 너희에게로부터 마게도냐와 아가야에만 들릴 뿐 아니라 하나님을 향하는 너희 믿음의 소문이 각처에 퍼졌으므로 우리는 아무 말도 할 것이 없노라

9 그들이 우리에 대하여 스스로 말하기를 우리가 어떻게 너희 가운데에 들어갔는지와 너희가 어떻게 우상을 버리고 하나님께로 돌아와서 살아 계시고 참되신 하나님을 섬기는지와

10 또 죽은 자들 가운데서 다시 살리신 그의 아들이 하늘로부터 강림하실 것을 너희가 어떻게 기다리는지를 말하니 이는 장래의 노하심에서 우리를 건지시는 예수시니라

- 바울이 데살로니가 교회의 성도들을 기억하며 하나님께 감사하는 이유는 무엇인가요?(3절)

- 복음을 전한 바울 일행과 복음을 받은 성도들의 교통은 무엇으로 인해 이루어졌나요?(5-6절)

- 각처에 두루 퍼진 데살로니가 교인들의 믿음에 대한 소문은 무엇이었나요?(9-10절)

- 한 해를 마무리하며 주님께 칭찬 받을 만한 '믿음의 행위', '사랑의 수고', '소망을 굳게 지키는 인내'의 일들을 공동체 지체들과 함께 나누어 보세요.

- 한 해를 마무리하며 늘 나를 기억해주고 모범이 되어 준 지도자나 지체에게 감사를 전하세요.

택하신 자녀들을 기뻐하시는 주님,

말씀과 성령으로 성도가 행할 일과 교회가 가야 할 길을 밝히 보여 주셔서 감사합니다. 주께서 허락하신 지도자들, 지체들과 함께 예수님을 따라 서로 본받고 본이 되는 삶을 살게 해주셔서 감사합니다.

우리의 기쁨 되시는 주님, 성령께서 주시는 기쁨이 온 교회 가운데 가득하길 원합니다. 제가 속한 공동체 안에도 서로 칭찬하고 격려하는 기쁨이 충만하길 원합니다. 저희가 십자가 복음으로 연합되어 세상에서 본이 되고 칭찬 받는 교회 되게 해주세요. 하나님의 사랑하심을 입은 형제들과 서로 사랑하며 믿음의 역사를 이뤄가게 해주세요. 예수님의 은혜와 평화가 가득한 연말연시가 되길 소원하며 기쁨의 주, 예수님의 이름으로 기도합니다. 아멘.

....
....
....
....
....
....
....
....
....
....

하나님은 태에서부터 당신을 부르시고 어머니의 복중에서부터 당신의 이름을 기억하셨습니다(사 49:1). 또한 당신을 사랑하셔서 당신이 아직 죄인이었을 때에 그리스도께서 당신을 위하여 죽으셨습니다(롬 5:8). 지금 이 시간 당신이 얼마나 존귀하고 아름다운 하나님의 자녀인지를 기억하면서 자신의 이름을 아주 정성스럽게 써보세요.

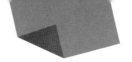

예레미야애가 3:19-33

19 내 고초와 재난 곧 쑥과 담즙을 기억하소서

20 내 마음이 그것을 기억하고 내가 낙심이 되오나

21 이것을 내가 내 마음에 담아 두었더니 그것이 오히려 나의 소망이 되었사옴은

22 여호와의 인자와 긍휼이 무궁하시므로 우리가 진멸되지 아니함이니이다

23 이것들이 아침마다 새로우니 주의 성실하심이 크시도소이다

24 내 심령에 이르기를 여호와는 나의 기업이시니 그러므로 내가 그를 바라리라 하도다

25 기다리는 자들에게나 구하는 영혼들에게 여호와는 선하시도다

26 사람이 여호와의 구원을 바라고 잠잠히 기다림이 좋도다

27 사람은 젊었을 때에 멍에를 메는 것이 좋으니

28 혼자 앉아서 잠잠할 것은 주께서 그것을 그에게 메우셨음이라

29 그대의 입을 땅의 티끌에 댈지어다 혹시 소망이 있을지로다

30 자기를 치는 자에게 뺨을 돌려대어 치욕으로 배불릴지어다

31 이는 주께서 영원하도록 버리지 아니하실 것임이며

32 그가 비록 근심하게 하시나 그의 풍부한 인자하심에 따라 긍휼히 여기실 것임이라

33 주께서 인생으로 고생하게 하시며 근심하게 하심은 본심이 아니시로다

• 잠시도 잊을 수 없는 쓴 고통 때문에 낙심이 되나 곰곰이 생각
하면 오히려 희망을 가질 수 있는 근거는 무엇인가요?(22절)

• 본문말씀에서는 사람이 고난당할 때에 어떻게 하는 편이 더 하
나님의 뜻과 목적에 부합하다고 하나요?(26-29절)

• 여전히 풀리지 않는 고난으로 울적한 마음을 가눌 길 없을 때,
당신의 언어는 어떠했나요? 예레미야의 말에 주목해보세요
(23-24절).

• 지금 예수님은 누구를 위해 탄식하시나요? 새해에는 잊지 말
고 기억하여 하나님의 본심을 전할 영혼은 누구인가요?

한결같은 사랑을 거두지 않으시는 주님,

제가 쓴 잔을 마실 때에도, 사망의 음침한 골짜기를 걸을 때에도 주의 인자하심과 성실하심은 항상 저와 함께 하셨음을 믿음으로 고백합니다.

주님, 언제나 말씀을 통하여 하나님의 마음과 뜻을 알게 해주셔서 감사합니다. 고난의 멍에를 짊어졌을지라도 주님의 사랑과 긍휼을 힘입어 주의 구원을 잠잠히 기다리겠습니다. '예수님의 애가'를 마음속으로 곰곰이 생각하며 내일의 희망을 힘있게 외치겠습니다. 화려한 세상의 어두운 외진 곳에서 신음하는 영혼들에게도 예수님의 소망 소식이 전해지길 간절히 기도하겠습니다. 제가 예수님의 오심을 기뻐하며 재림을 기다리는 자들과 함께 내일의 소망과 평화가 가득한 새 날들을 준비하게 해주세요. 근심이 변하여 기쁨이 되게 하시는 우리 주 예수 그리스도의 이름으로 기도합니다. 아멘.

....
....
....
....
....
....
....
....
....
....

REMEMBER

date · ·

한 해 동안 우리는 "말도 안 돼!"라는 말을 얼마나 많이 했을까요? 이성적 상식적으로 받아들이기 어렵고 지금의 상황으로는 도저히 말이 안 되지만, 그래도 꼭 이뤄지길 바라는 일들이 있다면 '말이 안 되어도' 고민하지 말고 적어 보세요.

누가복음 24:1-12

1 안식 후 첫날 새벽에 이 여자들이 그 준비한 향품을 가지고 무덤에 가서
2 돌이 무덤에서 굴려 옮겨진 것을 보고
3 들어가니 주 예수의 시체가 보이지 아니하더라
4 이로 인하여 근심할 때에 문득 찬란한 옷을 입은 두 사람이 곁에 섰는지라
5 여자들이 두려워 얼굴을 땅에 대니 두 사람이 이르되 어찌하여 살아 있는 자를 죽은 자 가운데서 찾느냐
6 여기 계시지 않고 살아나셨느니라 갈릴리에 계실 때에 너희에게 어떻게 말씀하셨는지를 기억하라
7 이르시기를 인자가 죄인의 손에 넘겨져 십자가에 못 박히고 제삼일에 다시 살아나야 하리라 하셨느니라 한대
8 그들이 예수의 말씀을 기억하고
9 무덤에서 돌아가 이 모든 것을 열한 사도와 다른 모든 이에게 알리니
10 (이 여자들은 막달라 마리아와 요안나와 야고보의 모친 마리아라 또 그들과 함께 한 다른 여자들도 이것을 사도들에게 알리니라)
11 사도들은 그들의 말이 허탄한 듯이 들려 믿지 아니하나
12 베드로는 일어나 무덤에 달려가서 구부려 들여다보니 세마포만 보이는지라 그 된 일을 놀랍게 여기며 집으로 돌아가니라

28

- 천사는 여자들에게 무엇을 기억하라고 하나요?(6-7절)

- 누가는 예수님의 부활을 직접적으로 선언하기 전(6절), 몇 번에 걸쳐 간접적으로 예수님의 부활을 시사했나요?(2-3,5절)

- 성령의 감동으로 받은 말씀이지만, 내가 여전히 믿음으로 반응하지 못하고 있는 주의 말씀은 무엇인가요?

- 한 해 동안 십자가의 복음을 누구누구에게 전했나요? 여전히 복음을 허탄하게 듣는 이들에게 어떤 모습으로 다가가면 좋을까요?

- 예수님의 탄생을 예언한 말씀들을 기억하며 찾아 읽어 보세요 (창 3:15; 사 9:6-7; 미 5:2 등). 예수님의 탄생과 부활에 대한 예언의 말씀이 성취되었으므로 다시 오시는 재림에 대한 예언도 이뤄질 줄 믿고 확신하나요?

29

약속한 말씀을 신실하게 성취하시는 주님,
창조 때부터 약속하신 말씀대로 이 땅에 오신 예수 그리스도
를 찬양합니다. 삼위 하나님의 뜻하신 계획대로 십자가에서
죽으시고 부활하셔서 구원해주신 예수님께 감사드립니다. 나
의 가장 큰 소망은 주께서 다시 오시는 그날에 성도들과 함께
부활하여 주님을 영접하는 것입니다.

다시 사신 주님, 주님의 얼굴빛을 비추어 주세요. 여전히 무
덤가에서 서성이고 있는 걸음을 돌이켜 생명의 길로 이끌어
주세요. 사망으로 달려가는 영혼들을 돌보아 주세요. 부활
소식을 믿지 않았던 제자들에게도, 저에게도 새 생명을 주신
것처럼 우리의 가정, 교회, 나라, 그리고 온 열방이 부활의 생
명과 권능으로 다시 살아나게 해주세요. 생명의 은혜가 강같
이 흐르게 하실 우리 주 예수 그리스도의 이름으로 기도합니
다. 아멘.

REMEMBER

date　　•　　•

'뼈 때리다'는 상대방이 감추고 싶어 하는 핵심 사실을 콕 집어서 이야기하다라는 뜻입니다(KNU한국어일상표현사전). 그렇다면 한 해 동안 사람들이 내게 한 이야기 중에 가장 뼈 때렸던 말은 무엇인가요?

3위 _____

2위 _____

1위 _____

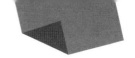

전도서 12장

1 너는 청년의 때에 너의 창조주를 기억하라 곧 곤고한 날이 이르기 전에, 나는 아무 낙이 없다고 할 해들이 가깝기 전에

2 해와 빛과 달과 별들이 어둡기 전에, 비 뒤에 구름이 다시 일어나기 전에 그리하라

3 그런 날에는 집을 지키는 자들이 떨 것이며 힘 있는 자들이 구부러질 것이며 맷돌질 하는 자들이 적으므로 그칠 것이며 창들로 내다보는 자가 어두워질 것이며

4 길거리 문들이 닫혀질 것이며 맷돌 소리가 적어질 것이며 새의 소리로 말미암아 일어날 것이며 음악하는 여자들은 다 쇠하여질 것이며

5 또한 그런 자들은 높은 곳을 두려워할 것이며 길에서는 놀랄 것이며 살구나무가 꽃이 필 것이며 메뚜기도 짐이 될 것이며 정욕이 그치리니 이는 사람이 자기의 영원한 집으로 돌아가고 조문객들이 거리로 왕래하게 됨이니라

6 은 줄이 풀리고 금 그릇이 깨지고 항아리가 샘 곁에서 깨지고 바퀴가 우물 위에서 깨지고

7 흙은 여전히 땅으로 돌아가고 영은 그것을 주신 하나님께로 돌아가기 전에 기억하라

8 전도자가 이르되 헛되고 헛되도다 모든 것이 헛되도다

9 전도자는 지혜자이어서 여전히 백성에게 지식을 가르쳤고 또 깊이 생각하고 연구하여 잠언을 많이 지었으며

10 전도자는 힘써 아름다운 말들을 구하였나니 진리의 말씀들을 정직하게 기록하였느니라

11 지혜자들의 말씀들은 찌르는 채찍들 같고 회중의 스승들의 말씀들은 잘 박힌 못 같으니 다 한 목자가 주신 바이니라

12 내 아들아 또 이것들로부터 경계를 받으라 많은 책들을 짓는 것은 끝이 없고 많이 공부하는 것은 몸을 피곤하게 하느니라

13 일의 결국을 다 들었으니 하나님을 경외하고 그의 명령들을 지킬지어다 이것이 모든 사람의 본분이니라

14 하나님은 모든 행위와 모든 은밀한 일을 선악 간에 심판하시리라

- 성경은 모든 사람의 본분이 무엇이라고 말하나요?(13절)

- 혈기왕성한 청춘의 때에 창조주를 기억해야 하는 이유는 무엇인가요?(14절)

- 지금 나는 사람의 참된 가치와 인생의 의미를 어디에서 찾고 있나요?

- 심판주 하나님을 경외하고 그분의 말씀을 지키기 위해 내가 끊고 돌이켜야 할 헛된 일은 무엇인가요?

- 한 해 동안 성경을 깊이 묵상, 연구하고 복음의 메시지를 전하며 전도자의 본분을 잘 지켰는지 돌아보면서 전도자로서의 새해 계획을 세워 보세요.

인생을 복되게 하시는 창조주 하나님,

주님과 동행하며 인생의 진정한 가치를 누리게 해주시고, 이 땅의 나그네 삶에서 벗어나 천국 영생의 삶을 바라보며 살아가게 해주셔서 감사합니다.

성령님, 제게 인생이 얼마나 짧고 유수 같은지 깨닫는 지혜로운 마음을 주셔서 세월을 아끼며 하나님의 뜻을 행하는 삶을 살아가게 해주세요. 한 해 동안 헛된 일에 수고하였던 때를 기억하며 애통함으로 회개합니다. 새해에는 영원을 사모하며 하나님 나라에 속한 신령한 것을 추구하는 진정한 삶을 살아가게 해주세요. 이 악한 세상과 불확실한 인생 가운데 복음의 관점과 성경적 가치를 붙들고 살아가게 해주세요. 제가 진정한 진리의 가치를 힘써 배우고 전하는 복음 전도자로서 성도의 본분을 다하도록 도와주세요. 온 맘 다해 경외할 심판주 예수 그리스도의 이름으로 기도합니다. 아멘.

유독 나를 쉬지 못하게 하는 사람, 신경 쓰이게 하는 사람
이 있습니다. 때론 그로 인해 피곤하고 지치기도 하지만
왠지 늘 마음이 쓰입니다. 한 해 동안 당신을 가장 쉬지 못
하게 한 그는 누구인가요? 지금까지 담아 두었던 하고픈
말을 진실하게 써보세요.

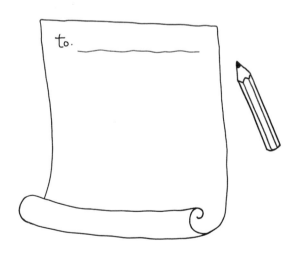

to. _____

이사야 62장

1 나는 시온의 의가 빛 같이, 예루살렘의 구원이 햇불 같이 나타나도록 시온을 위하여 잠잠하지 아니하며 예루살렘을 위하여 쉬지 아니할 것인즉
2 이방 나라들이 네 공의를, 뭇 왕이 다 네 영광을 볼 것이요 너는 여호와의 입으로 정하실 새 이름으로 일컬음이 될 것이며
3 너는 또 여호와의 손의 아름다운 관, 네 하나님의 손의 왕관이 될 것이라
4 다시는 너를 버림 받은 자라 부르지 아니하며 다시는 네 땅을 황무지라 부르지 아니하고 오직 너를 헵시바라 하며 네 땅을 쁄라라 하리니 이는 여호와께서 너를 기뻐하실 것이며 네 땅이 결혼한 것처럼 될 것임이라
5 마치 청년이 처녀와 결혼함 같이 네 아들들이 너를 취하겠고 신랑이 신부를 기뻐함 같이 네 하나님이 너를 기뻐하시리라
6 예루살렘이여 내가 너의 성벽 위에 파수꾼을 세우고 그들로 하여금 주야로 계속 잠잠하지 않게 하였느니라 너희 여호와로 기억하시게 하는 자들아 너희는 쉬지 말며
7 또 여호와께서 예루살렘을 세워 세상에서 찬송을 받게 하시기까지 그로 쉬지 못하시게 하라
8 여호와께서 그 오른손, 그 능력의 팔로 맹세하시되 내가 다시는 네 곡식을 네 원수들에게 양식으로 주지 아니하겠고 네가 수고하여 얻은 포도주를 이방인이 마시지 못하게 할 것인즉
9 오직 추수한 자가 그것을 먹고 나 여호와를 찬송할 것이요 거둔 자가 그것을 나의 성소 뜰에서 마시리라 하셨느니라
10 성문으로 나아가라 나아가라 백성이 올 길을 닦으라 큰 길을 수축하고 수축하라 돌을 제하라 만민을 위하여 기치를 들라
11 여호와께서 땅 끝까지 선포하시되 너희는 딸 시온에게 이르라 보라 네 구원이 이르렀느니라 보라 상급이 그에게 있고 보응이 그 앞에 있느니라 하셨느니라
12 사람들이 너를 일컬어 거룩한 백성이라 여호와께서 구속하신 자라 하겠고 또 너를 일컬어 찾은 바 된 자요 버림 받지 아니한 성읍이라 하리라

• 그날이 이르기까지 파수꾼으로 세워진 지도자들과 성도들의 의무는 무엇인가요?(6-7절)

• 장차 도래할 영광스러운 하나님 나라를 완성하실 하나님의 언약과 의지가 담긴 내용을 소리 내어 읽으며 큰 확신으로 선포하세요(8-12절).

• '여호와로 기억하시게 하는 자'(주님께서 하신 약속을 늘 주님께 상기시켜 드려야 할 너희, 새번역)로서 이제라도 내가 주께서 완성하실 하나님의 나라와 교회, 성도들을 위해 잠잠하지 말아야 할 일은 무엇인가요?

• 새해에 '예수님은 너를 영원토록 기뻐하신다'고 제일 먼저 찾아가 격려하고픈 사람은 누구인가요? 그 메시지를 전하기에 앞서 당신을 향해 기쁘고 당당하게 선포하세요.

영광의 주님,

구속하신 주의 백성을 회복시켜 주의 영광을 보게 해주셔서 참 감사합니다. 한 해를 돌아보니 죄로 인해 하나님과 단절된 듯하였고, 메마른 영혼과 피폐해진 삶으로 인해 주께서 저를 기억하지 않으신다고 스스로 절망하기도 하였습니다. 그러나 신실하신 사랑의 주님은 저를 다시 찾아 신랑이신 주님 곁에 두시고, 저를 끝까지 기뻐하시고, 결코 버리지 않으시겠다고 약속해주셨습니다.

주님, 저를 속량해주신 완전하신 '예수 그리스도의 의'를 다시는 잊지 않고 기억하겠습니다. 그리고 이제는 여호와로 기억하시게 하는 자로 살아가겠습니다. 그리스도의 의의 빛이 이 세상에 비춰져 낙망한 영혼들을 회복시켜 주시길 간절히 기도하며 진실과 사랑의 주 예수 그리스도의 이름으로 기도합니다. 아멘.

"죄를 회개하세요"

연말결산 회개편

REPENT

세상에 나쁜 적이 되지 않으리라 믿는다

기본이 방향이 되는

REPENT

date　·　·

지금 당신의 통장 잔고를 표정으로 나타내주세요. 얼굴형
안에 표정을 그려 넣은 후, 다음 인터뷰에 간단히 답해주
세요.

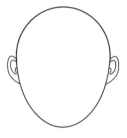

한 해 동안,

가장 뿌듯했던 지출은 무엇인가요?

가장 후회되는 지출은 무엇인가요?

가장 비싼 값을 지불한 것은 무엇인가요?

14 우리는 형제를 사랑함으로 사망에서 옮겨 생명으로 들어간 줄을 알거니와 사랑하지 아니하는 자는 사망에 머물러 있느니라

15 그 형제를 미워하는 자마다 살인하는 자니 살인하는 자마다 영생이 그 속에 거하지 아니하는 것을 너희가 아는 바라

16 그가 우리를 위하여 목숨을 버리셨으니 우리가 이로써 사랑을 알고 우리도 형제들을 위하여 목숨을 버리는 것이 마땅하니라

17 누가 이 세상의 재물을 가지고 형제의 궁핍함을 보고도 도와 줄 마음을 닫으면 하나님의 사랑이 어찌 그 속에 거하겠느냐

18 자녀들아 우리가 말과 혀로만 사랑하지 말고 행함과 진실함으로 하자

19 이로써 우리가 진리에 속한 줄을 알고 또 우리 마음을 주 앞에서 굳세게 하리니

20 이는 우리 마음이 혹 우리를 책망할 일이 있어도 하나님은 우리 마음보다 크시고 모든 것을 아시기 때문이라

21 사랑하는 자들아 만일 우리 마음이 우리를 책망할 것이 없으면 하나님 앞에서 담대함을 얻고

22 무엇이든지 구하는 바를 그에게서 받나니 이는 우리가 그의 계명을 지키고 그 앞에서 기뻐하시는 것을 행함이라

23 그의 계명은 이것이니 곧 그 아들 예수 그리스도의 이름을 믿고 그가 우리에게 주신 계명대로 서로 사랑할 것이니라

24 그의 계명을 지키는 자는 주 안에 거하고 주는 그의 안에 거하시나니 우리에게 주신 성령으로 말미암아 그가 우리 안에 거하시는 줄을 우리가 아느니라

- 성도가 유월절 어린양 예수님의 죽으심으로 사망에서 생명으로 옮겨진 자임을 증거하는 일은 무엇인가요?(14절)

- 사도 요한은 '형제 사랑'을 어떻게 하라고 권면하나요?(18절)

- 한 해를 돌아보며 내가 공동체 안에서 사랑으로 하나 됨을 지키기 위해 회개하고 포기할 일은 무엇인지 생각해보세요.

- 오늘 말씀으로 인해 내 마음과 지갑을 열어 주님의 사랑을 표현할 형제자매는 누구인가요? 그 사랑을 꼭 표현해보세요.

사랑의 주님,

십자가로 참사랑의 본이 되어 주셔서 감사합니다. 말씀에 비추어 볼 때, 저는 그리스도 안에서 다시 태어나 그 사랑을 알면서도 여전히 옛 본성에 사로잡혀 제 자신과 만족을 위하여 살아왔습니다. 주께서 허락하신 공동체 안에서 말이 더 앞섰고, 형제자매를 긍휼이 여기는 것도 마음에만 머물러 있었습니다. 삶의 우선순위도 늘 제 자신을 위한 것이었습니다.

성령님, 오늘의 말씀과 성령님의 책망하심을 따라 이 시간 회개의 자리로 나아갑니다. 행함과 진실함으로 순종의 자리로 나아갑니다. 제가 머문 곳에서부터 마음을 열고 손을 내밀어 사랑으로 화목의 자리를 준비하게 해주세요. 어디서나 예수님의 사랑을 기억하며 하나 됨을 이뤄가게 해주세요. 참사랑과 희생으로 하나 되게 하시는 예수님의 이름으로 기도합니다. 아멘.

REPENT
date · ·

요즘은 영화, 드라마, 쇼츠 등 볼거리가 정말 많은데요. 지난 한 해 푹 빠져 가장 재미있게 본 것은 무엇인가요? 혹 재미는 있었지만 '성경말씀'이라는 안경을 쓰고 보았을 때, 하나님의 뜻과 말씀에 반하는 내용이 있었다면 무엇인지 나누어 주세요.

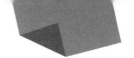

디모데후서 3:1-5

1 너는 이것을 알라 말세에 고통하는 때가 이르러

2 사람들이 자기를 사랑하며 돈을 사랑하며 자랑하며 교만하며 비방하며 부모를 거역하며 감사하지 아니하며 거룩하지 아니하며

3 무정하며 원통함을 풀지 아니하며 모함하며 절제하지 못하며 사나우며 선한 것을 좋아하지 아니하며

4 배신하며 조급하며 자만하며 쾌락을 사랑하기를 하나님 사랑하는 것보다 더하며

5 경건의 모양은 있으나 경건의 능력은 부인하니 이같은 자들에게서 네가 돌아서라

- 말세(예수님의 성육신-재림)의 때에 나타나는 열아홉 가지 죄악의 현상들을 찾아 밑줄을 그어 보세요(2-5절).

- 열아홉 가지 죄악의 현상들 가운데 내 죄악이 무엇인지 앎에도 계속 반복하는 것들은 무엇인가요?

- 나 자신, 돈, 쾌락을 하나님보다 더 사랑했을 때, 어떤 고통이 찾아왔고 이것들보다 하나님을 더 사랑했을 때, 어떤 유익을 얻었나요?

- 한 해를 돌아볼 때, 당신은 구원의 능력인 예수 그리스도의 십자가 복음을 더 의지했나요, 아니면 종교적 외향과 행위를 더 주장했나요? 당신의 관심과 생각, 말과 행위를 살펴보세요.

거룩하고 의로우신 주님,

예수님의 거룩과 의의 옷을 입고도 말세의 타락상을 따라가는 불의한 저를 용서해주세요. 죄의 본성대로 자기중심적으로 살아온 제 죄를 자복하며 회개합니다. 육체의 정욕을 따라 살면 제 영혼이 메말라 얼마나 피폐해지는지요! 세상의 가치를 따라 산 삶은 헛되고 공허하여 멸망의 길로 인도할 뿐입니다. 그러나 하나님 중심의 삶은 얼마나 의미 있고 귀하며 복된지요! 진리의 복음 중심의 삶은 진정한 기쁨과 평강과 자유를 주며 생명으로 이끌어 줍니다.

진리의 성령님, 성령을 따르고 세상의 풍조에서 돌아서게 해주세요. 하나님을 더 사랑하는 삶의 참된 희락을 경험함으로 진리의 길에서 벗어나지 않게 해주세요. 주께서 다시 오실 그날까지 영혼육을 흠 없이 보전해주실 예수 그리스도의 이름으로 기도합니다. 아멘.

....

....

....

....

....

....

....

....

....

....

REPENT

date　　•　　•

만약 당신의 남은 인생이 단 일주일밖에 남지 않았다고 가
정한다면, 그동안 후회 없이 열심을 내어 하고 싶은 일은
무엇인가요?

D-7

| SUN | MON | TUE | WED | THU | FRI | SAT |

요한계시록 3:14-22

14 라오디게아 교회의 사자에게 편지하라 아멘이시요 충성되고 참된 증인이시요 하나님의 창조의 근본이신 이가 이르시되

15 내가 네 행위를 아노니 네가 차지도 아니하고 뜨겁지도 아니하도다 네가 차든지 뜨겁든지 하기를 원하노라

16 네가 이같이 미지근하여 뜨겁지도 아니하고 차지도 아니하니 내 입에서 너를 토하여 버리리라

17 네가 말하기를 나는 부자라 부요하여 부족한 것이 없다 하나 네 곤고한 것과 가련한 것과 가난한 것과 눈 먼 것과 벌거벗은 것을 알지 못하는도다

18 내가 너를 권하노니 내게서 불로 연단한 금을 사서 부요하게 하고 흰 옷을 사서 입어 벌거벗은 수치를 보이지 않게 하고 안약을 사서 눈에 발라 보게 하라

19 무릇 내가 사랑하는 자를 책망하여 징계하노니 그러므로 네가 열심을 내라 회개하라

20 볼지어다 내가 문 밖에 서서 두드리노니 누구든지 내 음성을 듣고 문을 열면 내가 그에게로 들어가 그와 더불어 먹고 그는 나와 더불어 먹으리라

21 이기는 그에게는 내가 내 보좌에 함께 앉게 하여 주기를 내가 이기고 아버지 보좌에 함께 앉은 것과 같이 하리라

22 귀 있는 자는 성령이 교회들에게 하시는 말씀을 들을지어다

- 라오디게아 교회 교인들이 깨닫고 열심을 내어 회개할 일은 무엇이고(17절), 그 영적 상태를 무엇으로 치유하라 하시나요?(18절) 그 의미를 묵상해보세요.

- 라오디게아 교회 교인들이 회개하여 주님을 영접하고 친밀하게 교제하며 이기는 삶을 살아가면, 어떤 상을 약속받나요?(21절)

- 한 해를 돌아보며 마시기에 부적합한 물처럼 성도로서 합당하지 않은, 그래서 회개와 회복이 필요한 나의 영적 문제를 점검해보세요.

- 겉모습이 아닌 내면의 실상을 보고 깨닫는 나의 '영적 안목'의 상태는 어떠한가요? 나의 속사람의 실상이 어떠한지 솔직하게 고백해보세요.

신실하신 주님,

주님의 사랑이 얼마나 다함이 없으신지요! 이 시간 사랑의 징계와 책망의 말씀으로 저를 일깨워 주셔서 감사합니다. 우리의 모든 행위를 아시는 주님께 라오디게아 교회의 모습이 저와 저희 교회의 모습임을, 그들의 영적 무지가 저와 저희의 실상임을 자백합니다. 정욕과 부를 좇으며 영적 나태에 빠져 있고, 급변하는 사회의 경향을 따라 요동하며 영적 불감증에 빠져 있는 죄를 열심을 다해 회개합니다.

성령님, 진리의 복음을 붙들고 살면 제 영혼이 얼마나 풍성한지를, 예수님과 연합하여 살면 얼마나 평안한지를, 믿음의 눈을 들어 천국을 바라보면 예비하신 상급이 얼마나 빛나는지를 저로 깨닫게 해주세요. 책망하고 경고하시며 사랑으로 견책하시는 예수님의 이름으로 기도합니다. 아멘.

....

....

....

....

....

....

....

....

....

....

REPENT

date　・　・

예수님을 더욱 닮아가기 위해 내게서 해제시켜야 할 하나
님이 기뻐하지 않으시는 무기와도 같은 모습과 행동은 무
엇인가요? 그것을 벗어 버릴 수 있도록 하나님께 나아가
기쁘게 항복하세요.

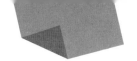

골로새서 3:1-17

1 그러므로 너희가 그리스도와 함께 다시 살리심을 받았으면 위의 것을 찾으라 거기는 그리스도께서 하나님 우편에 앉아 계시느니라

2 위의 것을 생각하고 땅의 것을 생각하지 말라

3 이는 너희가 죽었고 너희 생명이 그리스도와 함께 하나님 안에 감추어졌음이라

4 우리 생명이신 그리스도께서 나타나실 그 때에 너희도 그와 함께 영광 중에 나타나리라

5 그러므로 땅에 있는 지체를 죽이라 곧 음란과 부정과 사욕과 악한 정욕과 탐심이니 탐심은 우상 숭배니라

6 이것들로 말미암아 하나님의 진노가 임하느니라

7 너희도 전에 그 가운데 살 때에는 그 가운데서 행하였으나

8 이제는 너희가 이 모든 것을 벗어 버리라 곧 분함과 노여움과 악의와 비방과 너희 입의 부끄러운 말이라

9 너희가 서로 거짓말을 하지 말라 옛 사람과 그 행위를 벗어 버리고

10 새 사람을 입었으니 이는 자기를 창조하신 이의 형상을 따라 지식에까지 새롭게 하심을 입은 자니라

11 거기에는 헬라인이나 유대인이나 할례파나 무할례파나 야만인이나 스구디아인이나 종이나 자유인이 차별이 있을 수 없나니 오직 그리스도는 만유시요 만유 안에 계시니라

12 그러므로 너희는 하나님이 택하사 거룩하고 사랑 받는 자처럼 긍휼과 자비와 겸손과 온유와 오래 참음을 옷 입고

13 누가 누구에게 불만이 있거든 서로 용납하여 피차 용서하되 주께서 너희를 용서하신 것 같이 너희도 그리하고

14 이 모든 것 위에 사랑을 더하라 이는 온전하게 매는 띠니라

15 그리스도의 평강이 너희 마음을 주장하게 하라 너희는 평강을 위하여 한 몸으로 부르심을 받았나니 너희는 또한 감사하는 자가 되라

16 그리스도의 말씀이 너희 속에 풍성히 거하여 모든 지혜로 피차 가르치며 권면하고 시와 찬송과 신령한 노래를 부르며 감사하는 마음으로 하나님을 찬양하고

17 또 무엇을 하든지 말에나 일에나 다 주 예수의 이름으로 하고 그를 힘입어 하나님 아버지께 감사하라

주 앞에 엎드려 회개하오니
사랑 받는 거룩한 자녀답게 살게 해주세요

- 그리스도 안에서 새 사람이 된 성도는 왜 위의 것을 생각하고 찾아야 하나요?(3절)

- 땅에 속한 지체의 모든 일들(5,8-9절)과 하나님의 택하심을 입은 사랑받는 거룩한 사람답게 살아야 할 진리의 덕목들(12-17절)을 소리 내어 읽어 보세요.

- 복음의 진리로 자유하게 된 당신의 '옛 성품'과 견고한 진이 되어 날마다 십자가에 못 박아야 할 '옛 행실'은 무엇인가요?

- 새해에는 꼭 따르며 지키고 싶은 주님의 성품들은 무엇인가요? 이것을 실현하기 위해 성령님과 함께 계획을 세워 보세요.

나를 부르사 나를 의롭고 영화롭게 하신 아버지 하나님, 죄에 대하여 죽고 의에 대하여 살게 하신 예수님의 십자가 은혜를 높이 찬양합니다. 주께서 다시 오시는 날에 그 영광에 참여하게 하심이 얼마나 영광스러운지요!

영화로우신 주님, 하늘에 속한 모든 것이 참으로 밝게 빛나며 아름답고 찬란함을 고백하며 위의 것을 생각하고 구합니다. 새해에는 제가 성령과 진리를 따라 끊임없이 새로워지게 해주세요. 세속적이고 인본주의적이며 정욕적인 것들을 하나둘 벗어 버리고 새롭게 회복된 저를 통하여 가정과 공동체에 성령의 역사가 풍성한 새해가 되게 해주세요. 성령으로 새롭게 되는 새 시대를 열어 주실 만유의 주 예수 그리스도의 이름으로 기도합니다. 아멘.

REPENT

date . .

한 해 동안 주위에서 들은 말 중에 가장 힘이 되고 감동적
인 말은 무엇이었나요? 반면, 내가 한 말 중에 다시 주워
담고 싶을 정도로 후회되는 말은 무엇인가요?

야고보서 4:1-10

1 형제들아 너희 중에 싸움이 어디로부터 다툼이 어디로부터 나느냐 너희 지체 중에서 싸우는 정욕으로부터 나는 것이 아니냐

2 너희는 욕심을 내어도 얻지 못하여 살인하며 시기하여도 능히 취하지 못하므로 다투고 싸우는도다 너희가 얻지 못함은 구하지 아니하기 때문이요

3 구하여도 받지 못함은 정욕으로 쓰려고 잘못 구하기 때문이라

4 간음한 여인들아 세상과 벗된 것이 하나님과 원수 됨을 알지 못하느냐 그런즉 누구든지 세상과 벗이 되고자 하는 자는 스스로 하나님과 원수 되는 것이니라

5 너희는 하나님이 우리 속에 거하게 하신 성령이 시기하기까지 사모한다 하신 말씀을 헛된 줄로 생각하느냐

6 그러나 더욱 큰 은혜를 주시나니 그러므로 일렀으되 하나님이 교만한 자를 물리치시고 겸손한 자에게 은혜를 주신다 하였느니라

7 그런즉 너희는 하나님께 복종할지어다 마귀를 대적하라 그리하면 너희를 피하리라

8 하나님을 가까이하라 그리하면 너희를 가까이하시리라 죄인들아 손을 깨끗이 하라 두 마음을 품은 자들아 마음을 성결하게 하라

9 슬퍼하며 애통하며 울지어다 너희 웃음을 애통으로, 너희 즐거움을 근심으로 바꿀지어다

10 주 앞에서 낮추라 그리하면 주께서 너희를 높이시리라

REPENT

세상과 벗이 되어 살아온 삶에서
돌이켜 회개합니다

- 우리가 형제와 다투는 이유는 무엇 때문인가요?(1절)

- 하나님의 다스림을 거부하는 세상에서 정욕을 따라 자기를 주장하는 우월감에 빠지지 않기 위한 다섯 가지 방법은 무엇인지 찾아보세요(7-10절).

- 한 해를 돌아볼 때, 그릇된 욕망으로 인해 다툰 일이 있었나요? 이를 또다시 반복하지 않기 위해 마음에 새겨 순복할 말씀은 무엇인가요?

- 나의 교만한 자아를 돌아보며 애통의 눈물을 흘린 적 있나요? 9절 말씀에 대한 하나님의 뜻이 무엇인지 묵상해보세요(참고 고후 7:9-10).

  "내가 지금 기뻐함은 너희로 근심하게 한 까닭이 아니요 도리어 너희가 근심함으로 회개함에 이른 까닭이라 너희가 하나님의 뜻대로 근심하게 된 것은 우리에게서 아무 해도 받지 않게 하려 함이라 하나님의 뜻대로 하는 근심은 후회할 것이 없는 구원에 이르게 하는 회개를 이루는 것이요 세상 근심은 사망을 이루는 것이니라."

성령 하나님,

제 정욕과 교만의 죄를 깨우쳐 주셔서 감사합니다. 제 이기적인 주장을 버리지 못하고 형제들과 다툴 때에 얼마나 가슴 아프셨는지요! 주님과 원수 되어 세상의 종이었던 저를 대신해 생명 값을 지불하고 자유케 하신 주님의 마음이 얼마나 슬프셨는지요! 형제를 실족하게 하고 공동체를 약하게 한 제 모든 죄를 울며 자복합니다. 성령을 거슬러 행한 죄악을 진정으로 회개합니다.

성령 하나님, 제 안에 성결한 마음과 정한 마음을 회복시켜 주세요. 하나님의 뜻대로 근심하고 회개하여 저를 성령의 사람으로 새롭게 하실 주님만을 온전히 신뢰합니다. 십자가로 회개와 구원의 길을 열어 주신 예수 그리스도의 이름으로 감사하며 기도합니다. 아멘.

....
....
....
....
....
....
....
....
....
....

REPENT

date   ·   ·

한 해 동안 우리가 재판의 자리에 앉아 판단하고 손가락질
한 사람은 몇 명이나 될까요? 혹 당신의 마음감옥에서 여
전히 벌을 받고 있는 사람이 있진 않은지 돌아보세요.

11 형제들아 서로 비방하지 말라 형제를 비방하는 자나 형제를 판단하는 자는 곧 율법을 비방하고 율법을 판단하는 것이라 네가 만일 율법을 판단하면 율법의 준행자가 아니요 재판관이로다

12 입법자와 재판관은 오직 한 분이시니 능히 구원하기도 하시며 멸하기도 하시느니라 너는 누구이기에 이웃을 판단하느냐

13 들으라 너희 중에 말하기를 오늘이나 내일이나 우리가 어떤 도시에 가서 거기서 일 년을 머물며 장사하여 이익을 보리라 하는 자들아

14 내일 일을 너희가 알지 못하는도다 너희 생명이 무엇이냐 너희는 잠깐 보이다가 없어지는 안개니라

15 너희가 도리어 말하기를 주의 뜻이면 우리가 살기도 하고 이것이나 저것을 하리라 할 것이거늘

16 이제도 너희가 허탄한 자랑을 하니 그러한 자랑은 다 악한 것이라

17 그러므로 사람이 선을 행할 줄 알고도 행하지 아니하면 죄니라

비방과 판단을 쏟아내는
심판의 자리에서 내려와 회개합니다

- 하나님의 말씀은 형제를 비방하거나 판단하는 자를 어떻게 여기시나요?(11절)

- 거짓되고 미덥지 않은 무익한 말 대신 어떻게 말하는 자가 되어야 하나요?(15절)

- 나는 말이 앞서는 사람인가요, 아니면 주께 묻고 행하는 사람인가요? 한 해를 돌아보며 말이 앞서 실패했던 일과 주의 뜻대로 행하여 형통했던 일을 곰곰이 생각해보세요.

- 본문말씀에서 가장 찔림을 받은 구절은 어디인가요? 오늘의 회개와 결단을 마음에 새기고 새해를 살아가시길 소망합니다.

정의로 심판하시는 주님,

주님 앞에 서는 날이 반드시 올 줄 알면서도 여전히 이웃을 판단하고, 어리석은 제 자신의 확신을 자랑한 것을 회개합니다. 선악을 분별케 하시는 성령님을 여전히 무시해온 제 고집스런 자만을 통회합니다.

주님, 지금 들려주시는 성령님의 나팔소리에 제 영혼이 깨어나길 소망하며 주께 고백합니다. 제 기준으로 남을 비방하지 않고, 제가 먼저 말씀을 지켜 형제들의 본이 되게 해주세요. 제 뜻을 주장하기에 앞서 주의 뜻이 무엇인지 성령님께 묻게 해주세요. 성령을 힘입어 선한 일에 힘쓰며 주님을 기쁘시게 하는 자가 되게 해주세요. 성령님, 주 앞에서의 제 결심이 공허한 고백이 되지 않고 열매 맺는 행실로 나타나도록 인도해주세요. 아버지 하나님의 뜻을 따라 행하시며 본이 되신 예수님의 이름으로 기도합니다. 아멘.

....
....
....
....
....
....
....
....
....
....

REPENT

date ・ ・

색은 각각의 이름과 의미를 가지고 있습니다. 우리 가정, 학교, 회사, 교회 등 한 해 동안 내가 속했던 공동체를 색으로 표현한다면, 각각 무슨 색이고 그 이유는 무엇인가요?

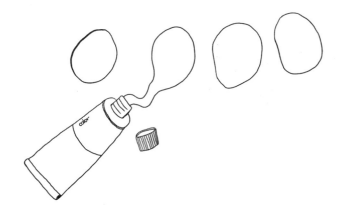

느헤미야 1장

1 하가랴의 아들 느헤미야의 말이라 아닥사스다 왕 제이십년 기슬르월에 내가 수산 궁에 있는데
2 내 형제들 가운데 하나인 하나니가 두어 사람과 함께 유다에서 내게 이르렀기로 내가 그 사로잡힘을 면하고 남아 있는 유다와 예루살렘 사람들의 형편을 물은즉
3 그들이 내게 이르되 사로잡힘을 면하고 남아 있는 자들이 그 지방 거기에서 큰 환난을 당하고 능욕을 받으며 예루살렘 성은 허물어지고 성문들은 불탔다 하는지라
4 내가 이 말을 듣고 앉아서 울고 수일 동안 슬퍼하며 하늘의 하나님 앞에 금식하며 기도하여
5 이르되 하늘의 하나님 여호와 크고 두려우신 하나님이여 주를 사랑하고 주의 계명을 지키는 자에게 언약을 지키시며 긍휼을 베푸시는 주여 간구하나이다
6 이제 종이 주의 종들인 이스라엘 자손을 위하여 주야로 기도하오며 우리 이스라엘 자손이 주께 범죄한 죄들을 자복하오니 주는 귀를 기울이시며 눈을 여시사 종의 기도를 들으시옵소서 나와 내 아버지의 집이 범죄하여
7 주를 향하여 크게 악을 행하여 주께서 주의 종 모세에게 명령하신 계명과 율례와 규례를 지키지 아니하였나이다
8 옛적에 주께서 주의 종 모세에게 명령하여 이르시되 만일 너희가 범죄하면 내가 너희를 여러 나라 가운데에 흩을 것이요
9 만일 내게로 돌아와 내 계명을 지켜 행하면 너희 쫓긴 자가 하늘 끝에 있을지라도 내가 거기서부터 그들을 모아 내 이름을 두려고 택한 곳에 돌아오게 하리라 하신 말씀을 이제 청하건대 기억하옵소서
10 이들은 주께서 일찍이 큰 권능과 강한 손으로 구속하신 주의 종들이요 주의 백성이니이다
11 주여 구하오니 귀를 기울이사 종의 기도와 주의 이름을 경외하기를 기뻐하는 종들의 기도를 들으시고 오늘 종이 형통하여 이 사람 앞에서 은혜를 입게 하옵소서 하였나니 그 때에 내가 왕의 술 관원이 되었느니라

- 느헤미야는 동족을 위해 어떤 하나님께 간구하고(5절) 누구의 어떠한 죄를 대신 자복하나요?(6-7절) 그가 붙들고 기도하는 언약의 말씀은 무엇인가요?(8-9절)

- 느헤미야가 주의 백성들을 위해 하나님께 호소할 수 있는 근거가 되는 말씀은 무엇인가요?(10절)

- '내가 속한 크고 작은 공동체, 조국, 열방'의 아픈 소식을 들을 때, 나는 어떤 마음을 품고 어떻게 행동하나요?

- 한 해 동안 공동체 안에 있었던 괴로운 일들을 회상해보세요. 공동체를 향한 나의 관심은 무엇이었나요?

- 한 해 동안 죄악 된 마음과 삶에서 돌이켜 주님과의 관계를 회복했던 일을 떠올려 보세요. 그때 당신을 위해 하늘 보좌에서 중보하신 예수님과 함께 간구한 느헤미야는 누구였나요?

백성의 중보자이신 주님,

오늘날 주의 백성들이 주를 떠나 세상에서 능욕 받고 고난 받고 있는 것을 기억해주세요. 은혜로우시며 긍휼이 크신 주는 돌이켜 회개하고 주의 이름을 부를 때에 회복시켜 주시는 분임을 믿사오니 제 기도를 들으시고 자비를 베풀어 주세요.

주님, 이 시간 주위를 돌아보며 기억나는 모든 죄악을 제 자신의 죄로 삼고 십자가 앞에 나아가 자백합니다. 주께서 기뻐하시는 뜻을 따라 정하신 제자리로 모두가 돌아오는 회복의 역사가 회개하는 곳곳에 임하게 해주시길 간절히 원합니다. 신앙의 본질이 회복되고 모든 공동체가 성령의 생기로 다시 살아나고 일으켜지는 영적 부흥을 경험하게 해주세요. 회복의 주 예수님의 이름으로 기도합니다. 아멘.

....

....

....

....

....

....

....

....

....

....

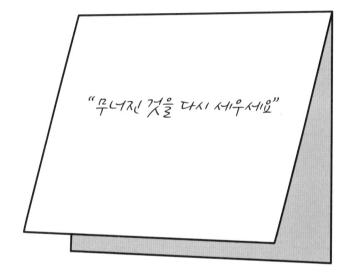

"무너진 것을 다시 세우세요"

새해결심 회복편

REBUILD

회기와 엄마의 유언

내 침대와 벽에 이렇게 우리가 겨울에 것들이 다시 세워지기를 바란다

REBUILD

date　·　·

가정예배, 새벽예배, 주일예배, 찬양예배 등 한 해 동안 당신이 드린 수많은 예배들 가운데 가장 기억에 남는 예배는 언제 어디에서 드린 예배이고 그 이유는 무엇인가요?

_____

_____

_____

_____

_____

_____

_____

_____

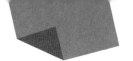

시편 95:1-7a

1 오라 우리가 여호와께 노래하며 우리의 구원의 반석을 향하여 즐거이 외치자
2 우리가 감사함으로 그 앞에 나아가며 시를 지어 즐거이 그를 노래하자
3 여호와는 크신 하나님이시요 모든 신들보다 크신 왕이시기 때문이로다
4 땅의 깊은 곳이 그의 손 안에 있으며 산들의 높은 곳도 그의 것이로다
5 바다도 그의 것이라 그가 만드셨고 육지도 그의 손이 지으셨도다
6 오라 우리가 굽혀 경배하며 우리를 지으신 여호와 앞에 무릎을 꿇자
7 그는 우리의 하나님이시요 우리는 그가 기르시는 백성이며 그의 손이 돌보시는 양이기 때문이라

- 구원의 반석이신 하나님께 나아가 예배할 때, 시편기자가 예배
  자에게 요청하는 두 가지를 찾아보세요(2절). 성도는 어떤 주님
  을 소리 높여 외치며 찬양해야 하나요?(3-5절)

- 하나님 앞에 와서 경배할 때 예배자의 자세는 무엇이고, 그렇게
  경배해야 하는 이유는 무엇인가요?(6-7a)

- 삼위 하나님께 감사하며 소리 높여 즐겁게 찬양할 나의 가장
  크고 첫째 되는 이유는 무엇인가요?

- 한 해 동안 당신은 예배자였나요? 이제는 참된 예배자가 되기
  위하여 당신이 회복해야 할 예배의 요소와 예배자의 자세는 무
  엇인가요?

크고 두려우신 주님,

예수님께서 그 피로 구속하신 주의 백성들이 감사하며 주의 구원하심을 즐겁게 찬송합니다. 주의 손으로 지으신 모든 만물도 크게 외치며 창조주 하나님을 찬양합니다. 모든 피조세계가 주 앞에 나아와 꿇어 엎드려 지극히 높으신 하나님을 예배합니다. 우리를 지으신 하나님은 우리의 목자이시며 온 세계의 왕이심을 큰 소리로 선포합니다.

경배 받으시기에 합당하신 권능의 주님, 저를 부르신 예배의 자리로 나아가겠습니다. 성도들과 함께하는 자리로 발걸음을 내딛겠습니다. 어떤 상황에서도 감사하며 기쁘고 즐겁게 예배하겠습니다. 그 어떤 다른 것을 구하지 않고 오직 주의 이름을 노래하겠습니다. 주님은 나를 기르시는 목자이시며 나를 다스리시는 왕이시며 나를 잘 아시는 창조주이심을 영원히 기억하겠습니다. 오직 홀로 한 분이신 하나님, 예수 그리스도의 이름으로 기도합니다. 아멘.

....

....

....

....

....

....

....

....

....

인생에서 서로를 응원하며 기도로 돕는 동역자가 있다는 것은 참 든든하고 행복한 일입니다. 다음 하트 안에 한 해 동안 나를 위해 진심으로 기도해준 소중한 이들의 이름과 함께 감사와 축복의 메시지를 한 문장으로 짧게 써보세요.

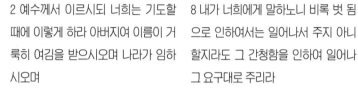

2 예수께서 이르시되 너희는 기도할 때에 이렇게 하라 아버지여 이름이 거룩히 여김을 받으시오며 나라가 임하시오며

3 우리에게 날마다 일용할 양식을 주시옵고

4 우리가 우리에게 죄 지은 모든 사람을 용서하오니 우리 죄도 사하여 주시옵고 우리를 시험에 들게 하지 마시옵소서 하라

5 또 이르시되 너희 중에 누가 벗이 있는데 밤중에 그에게 가서 말하기를 벗이여 떡 세 덩이를 내게 꾸어 달라

6 내 벗이 여행 중에 내게 왔으나 내가 먹일 것이 없노라 하면

7 그가 안에서 대답하여 이르되 나를 괴롭게 하지 말라 문이 이미 닫혔고 아이들이 나와 함께 침실에 누웠으니 일어나 네게 줄 수가 없노라 하겠느냐

8 내가 너희에게 말하노니 비록 벗 됨으로 인하여서는 일어나서 주지 아니할지라도 그 간청함을 인하여 일어나 그 요구대로 주리라

9 내가 또 너희에게 이르노니 구하라 그러면 너희에게 주실 것이요 찾으라 그러면 찾아낼 것이요 문을 두드리라 그러면 너희에게 열릴 것이니

10 구하는 이마다 받을 것이요 찾는 이는 찾아낼 것이요 두드리는 이에게는 열릴 것이니라

11 너희 중에 아버지 된 자로서 누가 아들이 생선을 달라 하는데 생선 대신에 뱀을 주며

12 알을 달라 하는데 전갈을 주겠느냐

13 너희가 악할지라도 좋은 것을 자식에게 줄 줄 알거든 하물며 너희 하늘 아버지께서 구하는 자에게 성령을 주시지 않겠느냐 하시니라

• 밤중에 찾아온 친구의 비유(5-8절)에서 제시하는 기도의 방법
은 무엇인가요?(8절)

• 기도의 응답 중 하나님께서 성도들에게 주시는 가장 좋은 선물
은 무엇인가요?(13절)

• 예수님께서 가르쳐 주신 '주기도문'의 내용(2-4절)과 나의 기
도가 혹 다른 점이 있다면 무엇인가요?

• 당신은 하나님 아버지께 간청(shamless audacity-NIV, 부끄러운
줄 모르는 뻔뻔함으로 졸라대는 것)하는 당당함이 있나요? 부끄
러움 없이 계속해서 끈기 있게 기도하지 않는다면 그 이유는 무
엇인가요?

• 한 해 동안 간절히 구하고 찾고 두드린 기도제목들을 그 응답
과 함께 적어 보세요. 새해에는 어떤 기도의 삶을 소망하고 있
나요?

하나님 아버지,

아버지와의 친밀한 관계 속에서 제가 자녀로서 합당히 간구하게 해주셔서 감사합니다. 오늘도 이 땅을 다스리시며 주의 선하신 뜻을 친히 이루어 주세요.

주님, 제 형편과 모든 필요와 원함을 진솔하게 고백합니다. 제 구함이 아버지의 뜻에 합당하도록 성령께서 제 마음과 입술을 주장해주세요. 아버지는 저를 살리시려고 독생자 예수님의 생명도 아끼지 않으셨는데 제게 무엇을 아끼시겠는지요! 예수님께서 보내신 성령님이 가장 값진 선물들을 풍성히 주시는데 제게 무엇이 부족하겠는지요! 제게 있어야 할 것을 다 아시는 아버지께 제 인생을 온전히 맡겨 드립니다. 저를 통하여 영광을 받아주세요. 지금도 하늘보좌에서 저를 위하여 중보해주시는 예수님의 이름으로 기도합니다. 아멘.

....

....

....

....

....

....

....

....

....

....

REBUILD

date   ·   ·

한 해 동안 내 발에 등이요 내 길에 빛이 되어준 성경말씀
들 가운데 딱 한 구절만 뽑아 소개한다면 무엇인가요? 당
신에게 아주 특별한 말씀이기에 할 수 있다면 암송해서 써
보세요.

누가복음 8:4-15

4 각 동네 사람들이 예수께로 나아와 큰 무리를 이루니 예수께서 비유로 말씀하시되

5 씨를 뿌리는 자가 그 씨를 뿌리러 나가서 뿌릴 새 더러는 길 가에 떨어지매 밟히며 공중의 새들이 먹어버렸고

6 더러는 바위 위에 떨어지매 싹이 났다가 습기가 없으므로 말랐고

7 더러는 가시떨기 속에 떨어지매 가시가 함께 자라서 기운을 막았고

8 더러는 좋은 땅에 떨어지매 나서 백배의 결실을 하였느니라 이 말씀을 하시고 외치시되 들을 귀 있는 자는 들을지어다

9 제자들이 이 비유의 뜻을 물으니

10 이르시되 하나님 나라의 비밀을 아는 것이 너희에게는 허락되었으나 다른 사람에게는 비유로 하나니 이는 그들로 보아도 보지 못하고 들어도 깨닫지 못하게 하려 함이라

11 이 비유는 이러하니라 씨는 하나님의 말씀이요

12 길 가에 있다는 것은 말씀을 들은 자니 이에 마귀가 가서 그들이 믿어 구원을 얻지 못하게 하려고 말씀을 그 마음에서 빼앗는 것이요

13 바위 위에 있다는 것은 말씀을 들을 때에 기쁨으로 받으나 뿌리가 없어 잠깐 믿다가 시련을 당할 때에 배반하는 자요

14 가시떨기에 떨어졌다는 것은 말씀을 들은 자이나 지내는 중 이생의 염려와 재물과 향락에 기운이 막혀 온전히 결실하지 못하는 자요

15 좋은 땅에 있다는 것은 착하고 좋은 마음으로 말씀을 듣고 지키어 인내로 결실하는 자니라

• 하나님의 말씀을 방해하는 것들은 무엇인가요?(12-14절)

• 좋은 땅과 착하고 좋은 마음은 어떤 상태를 뜻하나요?(8,15절)

• 한 해 동안 하나님의 말씀을 받은 나는 '길 가', '바위 위', '가시 떨기', '좋은 땅' 중 어디에 가장 오래 머물러 있었나요?

• 새해에도 이생의 염려, 재물, 향락으로 끊임없이 우리를 시험할 사탄을 대적하기 위해 지금 결단해야 할 것이 무엇인지 적어 보세요.

복음의 씨를 뿌리시고 친히 경작하시는 주님,

마음이 견고하지 못하여 사탄에게 생명의 씨를 빼앗기고 여러 시험에 요동하는 저를 긍휼히 여겨 주세요. 주를 온전히 신뢰하지 못하여 땅의 것에 몸과 마음을 쉽게 빼앗기는 저를 불쌍히 여겨 주세요. 이 시간 신실하신 손길로 생명의 말씀을 들려주신 주님께 감사드리며 믿음을 구합니다.

성령님, 제가 성령을 힘입어 의의 말씀을 삶으로 경험하게 해주세요. 성령의 계시로 하나님 나라의 비밀을 깨닫고, 순종의 열매가 얼마나 풍성한지 알게 해주세요. 그리스도의 복음에 매여 삼십 배, 육십 배, 백배의 결실을 맺어 그 생명을 나누고 말씀을 뿌리시며 들려주시는 주님의 뜻을 이뤄가게 해주세요. 착하고 좋은 마음 밭으로 기경해주실 예수님의 이름으로 기도합니다. 아멘.

....

....

....

....

....

....

....

....

....

....

REBUILD

한 해 동안 머리부터 발끝까지 내가 아팠던 신체 부위를 그림이나 글로 모두 기록해보세요. 지금은 잘 회복되고 나으셨나요? 아니라면 그 이유를 곰곰이 생각해보세요. 새해에는 더욱 강건해지시길 예수님의 이름으로 기도드립니다.

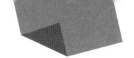

마태복음 11:28-30
에베소서 5:29-30
이사야 53:4-5

마태복음 11:28-30

28 수고하고 무거운 짐 진 자들아 다 내게로 오라 내가 너희를 쉬게 하리라
29 나는 마음이 온유하고 겸손하니 나의 멍에를 메고 내게 배우라 그리하면 너희 마음이 쉼을 얻으리니
30 이는 내 멍에는 쉽고 내 짐은 가벼움이라 하시니라

에베소서 5:29-30

29 누구든지 언제나 자기 육체를 미워하지 않고 오직 양육하여 보호하기를 그리스도께서 교회에게 함과 같이 하나니
30 우리는 그 몸의 지체임이라

이사야 53:4-5

4 그는 실로 우리의 질고를 지고 우리의 슬픔을 당하였거늘 우리는 생각하기를 그는 징벌을 받아 하나님께 맞으며 고난을 당한다 하였노라
5 그가 찔림은 우리의 허물 때문이요 그가 상함은 우리의 죄악 때문이라 그가 징계를 받으므로 우리는 평화를 누리고 그가 채찍에 맞으므로 우리는 나음을 받았도다

- 본문말씀은 참 쉼과 안식을 얻기 위해 어떻게 하라고 하나 요?(마 11:28-29)

- 나는 그리스도의 몸의 지체로서 내 몸을 어떻게 대해야 하나 요?(엡 5:29)

- 우리의 영혼육이 온전한 자유와 평강, 쉼과 안식을 누리기 위해 필요한 단 한 가지 방법은 무엇인가요?

- 한 해 동안 스스로 많은 일들에 매여 몸을 상하게 하진 않았는 지 돌아보고, '새해 나의 건강 프로젝트'를 세워 보세요.

- 한 해 동안 누군가에게 무거운 짐을 지게 하여 그의 심령과 심 신을 지치게 하진 않았는지 돌아보세요. 그것은 어떤 짐과 멍에 였고 이제 그의 회복을 위해 당신이 해야 할 일은 무엇인가요?

모든 고통과 아픔을 아시는 주님,

십자가에서 죽으시고 다시 살아나셔서 모든 죄와 질병의 고통으로부터 저를 해방시켜 주시고, 세상의 모든 관계 속에서 당하는 고통의 짐을 대신 맡아 주셔서 감사합니다. 주님만이 참된 안식처이심을 믿음으로 고백하며 주께 나아갑니다.

주님, 이 시간 제 지치고 상한 심신이 쉼을 찾아 한없이 넓고 따뜻하신 주님의 품으로 달려가오니 저를 받아주세요. 그리스도의 한 지체인 저를 아끼시며 온전하게 세우실 주님을 더욱 의지합니다. 주께서 채찍에 맞으시므로 이 상하고 병든 몸이 나음을 받았음을 선포합니다. 제게 영원한 생명과 안식을 주시기 위하여 십자가 고난을 받으신 예수 그리스도의 이름으로 기도합니다. 아멘.

....

....

....

....

....

....

....

....

....

....

REBUILD

date · ·

앞으로 사흘 동안 '믿음 소망 사랑'에 대하여 나누려고 합
니다. 이에 앞서 한 해를 돌아보며 나의 '믿음 소망 사랑'에
점수를 준다면 100점 만점에 몇 점을 주고 싶나요?

믿음   점

소망   점

사랑   점

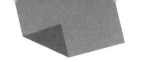

1 믿음은 바라는 것들의 실상이요 보이지 않는 것들의 증거니

2 선진들이 이로써 증거를 얻었느니라

3 믿음으로 모든 세계가 하나님의 말씀으로 지어진 줄을 우리가 아나니 보이는 것은 나타난 것으로 말미암아 된 것이 아니니라

4 믿음으로 아벨은 가인보다 더 나은 제사를 하나님께 드림으로 의로운 자라 하시는 증거를 얻었으니 하나님이 그 예물에 대하여 증언하심이라 그가 죽었으나 그 믿음으로써 지금도 말하느니라

5 믿음으로 에녹은 죽음을 보지 않고 옮겨졌으니 하나님이 그를 옮기심으로 다시 보이지 아니하였느니라 그는 옮겨지기 전에 하나님을 기쁘시게 하는 자라 하는 증거를 받았느니라

6 믿음이 없이는 하나님을 기쁘시게 하지 못하나니 하나님께 나아가는 자는 반드시 그가 계신 것과 또한 그가 자기를 찾는 자들에게 상 주시는 이심을 믿어야 할지니라

7 믿음으로 노아는 아직 보이지 않는 일에 경고하심을 받아 경외함으로 방주를 준비하여 그 집을 구원하였으니 이로 말미암아 세상을 정죄하고 믿음을 따르는 의의 상속자가 되었느니라

8 믿음으로 아브라함은 부르심을 받았을 때에 순종하여 장래의 유업으로 받을 땅에 나아갈새 갈 바를 알지 못하고 나아갔으며

9 믿음으로 그가 이방의 땅에 있는 것 같이 약속의 땅에 거류하여 동일한 약속을 유업으로 함께 받은 이삭 및 야곱과 더불어 장막에 거하였으니

10 이는 그가 하나님이 계획하시고 지으실 터가 있는 성을 바랐음이라

11 믿음으로 사라 자신도 나이가 많아 단산하였으나 잉태할 수 있는 힘을 얻었으니 이는 약속하신 이를 미쁘신 줄 알았음이라

12 이러므로 죽은 자와 같은 한 사람으로 말미암아 하늘의 허다한 별과 또 해변의 무수한 모래와 같이 많은 후손이 생육하였느니라

REBUILD하나님을 기쁘시게 하는 '믿음'으로
다시 세워 주세요

- 본문말씀에서 믿음의 정의는 무엇이고(1절) 하나님을 기쁘시게 하는 믿음은 어떤 믿음인지 찾아보세요(6절).

- 아브라함이 가나안 땅을 약속하신 하나님의 성취를 보지 못함에도 그 땅에서 믿음으로 인내하며 나그네처럼 산 이유는 무엇인가요?(10절) 그의 아내 사라가 알고 믿은 하나님은 어떤 분이신가요?(11절)

- 한 해 동안 믿음으로 하나님을 기쁘시게 해드린 일과 믿음이 없어 주님을 슬프시게 해드린 일은 각각 무엇인지 돌아보세요.

- 지금 내가 믿음으로 약속의 말씀만을 신뢰하며 내려놓을 일, 순종할 일, 헌신할 일은 무엇인가요?

- 새해에 믿음의 걸음으로 첫발을 내디딜 곳과 가야 할 곳은 어디이고, 믿음의 확신으로 잉태할 생명의 소망은 무엇인가요?

믿음의 실체이신 주님,

믿음으로 예수님의 상속자가 되어 하나님 나라의 풍성한 유업을 받게 해주셔서 감사합니다. 제 믿음이 오직 주께 있으므로 이 땅에서 사는 동안 나아갈 길과 행할 일을 인도하여 주실 것을 신뢰합니다. 주님의 약속대로 제 본향에는 영원한 처소가 예비 되어 있고 하늘나라의 상급과 면류관이 준비되어 있으니 이것이 바로 제 참 소망입니다.

신실하신 주님, 제 믿음을 온전히 회복시켜 주세요. 주님을 기쁘시게 하는 참 믿음의 성을 쌓는 삶을 살아가게 해주세요. 불확실한 세상과 현실에서 잘 인내하고, 주께 칭찬 받는 믿음의 새해를 살아가게 해주세요. 참 소망 되시는 예수님의 이름으로 기도합니다. 아멘.

REBUILD
date　·　·

─────────

고목생화(枯木生花)는 '말라 죽은 나무에서 꽃이 핀다'라는 뜻으로 '곤궁에 빠졌던 사람이 좋은 일을 만나 일이 잘됨'을 비유적으로 이르는 말입니다. 한 해 동안 당신에게도 고목생화와 같은 일이 일어났었다면 어떤 일인지 나누어 주세요. 만일 도저히 생각해도 떠오르지 않는다면 거울을 한번 보세요. 당신이 바로 예수 그리스도로 살아 피어난 꽃이랍니다!

12 그리스도께서 죽은 자 가운데서 다시 살아나셨다 전파되었거늘 너희 중에서 어떤 사람들은 어찌하여 죽은 자 가운데서 부활이 없다 하느냐

13 만일 죽은 자의 부활이 없으면 그리스도도 다시 살아나지 못하셨으리라

14 그리스도께서 만일 다시 살아나지 못하셨으면 우리가 전파하는 것도 헛것이요 또 너희 믿음도 헛것이며

15 또 우리가 하나님의 거짓 증인으로 발견되리니 우리가 하나님이 그리스도를 다시 살리셨다고 증언하였음이라 만일 죽은 자가 다시 살아나는 일이 없으면 하나님이 그리스도를 다시 살리지 아니하셨으리라

16 만일 죽은 자가 다시 살아나는 일이 없으면 그리스도도 다시 살아나신 일이 없었을 터이요

17 그리스도께서 다시 살아나신 일이 없으면 너희의 믿음도 헛되고 너희가 여전히 죄 가운데 있을 것이요

18 또한 그리스도 안에서 잠자는 자도 망하였으리니

19 만일 그리스도 안에서 우리가 바라는 것이 다만 이 세상의 삶뿐이면 모든 사람 가운데 우리가 더욱 불쌍한 자이리라

20 그러나 이제 그리스도께서 죽은 자 가운데서 다시 살아나사 잠자는 자들의 첫 열매가 되셨도다

21 사망이 한 사람으로 말미암았으니 죽은 자의 부활도 한 사람으로 말미암는도다

22 아담 안에서 모든 사람이 죽은 것 같이 그리스도 안에서 모든 사람이 삶을 얻으리라

그리스도 안에서
부활 '소망'을 다시 세워 주세요

- 만일 그리스도의 부활이 없다면, 그리스도인들에게 어떤 세 가지 결과가 초래하나요?(17-18절)

- 한 사람 누구로 말미암아 죽음이 왔고, 한 사람 누구로 말미암아 부활이 오나요?(22절)

- 부활하신 예수님을 만나 변화된 제자들과 바울처럼 예수님의 부활은 당신에게 어떤 변화를 가져다주었나요?

- 한 해 동안 다시 오실 주님을 얼마나 소망하고 사모했나요? 그렇지 못했다면 이유가 무엇인지 생각해보세요.

부활의 첫 열매가 되신 주님,

비록 지금은 썩어질 약한 육의 몸으로 이 세상에 거하지만 언젠가 부활하여 하늘에 속한 주님의 형상을 입고 죽음을 이긴 승리의 찬가를 부를 영광스러운 날을 사모합니다. 그리운 주님을 영접하고 사랑하는 형제자매들과 다시 만날 큰 환희의 날을 기다립니다. 이 부활 소망이야말로 제가 세상을 살아가는 동안, 어떠한 수치와 절망과 고통도 인내할 수 있게 하는 힘임을 고백합니다.

그리스도의 부활을 증거하시는 성령님, 저도 성령님을 힘입어 부활의 증인이 되길 원합니다. 제가 부활 생명을 전하는 한 사람이 되게 해주세요. 부활 신앙에 이르지 못해 여전히 죄 가운데 신음하며 소망 없이 사는 영혼들에게 부활의 열매를 나누게 해주세요. 부활하셔서 참 소망이 되어 주시고 곧 다시 오실 예수님의 이름으로 기도합니다. 아멘.

REBUILD

date　　•　　•

'사랑'을 주제로 한 노래들이 참 많이 있는데요. 그중에서
내가 가장 좋아하거나 지금 바로 머릿속에 떠오르는 사랑
노래 세 가지를 뽑아 제목 또는 가사를 적어 보세요.

1.

2.

3.

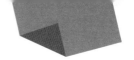

고린도전서 13장

1 내가 사람의 방언과 천사의 말을 할지라도 사랑이 없으면 소리 나는 구리와 울리는 꽹과리가 되고
2 내가 예언하는 능력이 있어 모든 비밀과 모든 지식을 알고 또 산을 옮길 만한 모든 믿음이 있을지라도 사랑이 없으면 내가 아무것도 아니요
3 내가 내게 있는 모든 것으로 구제하고 또 내 몸을 불사르게 내줄지라도 사랑이 없으면 내게 아무 유익이 없느니라
4 사랑은 오래 참고 사랑은 온유하며 시기하지 아니하며 사랑은 자랑하지 아니하며 교만하지 아니하며
5 무례히 행하지 아니하며 자기의 유익을 구하지 아니하며 성내지 아니하며 악한 것을 생각하지 아니하며
6 불의를 기뻐하지 아니하며 진리와 함께 기뻐하고
7 모든 것을 참으며 모든 것을 믿으며 모든 것을 바라며 모든 것을 견디느니라

8 사랑은 언제까지나 떨어지지 아니하되 예언도 폐하고 방언도 그치고 지식도 폐하리라
9 우리는 부분적으로 알고 부분적으로 예언하니
10 온전한 것이 올 때에는 부분적으로 하던 것이 폐하리라
11 내가 어렸을 때에는 말하는 것이 어린아이와 같고 깨닫는 것이 어린아이와 같고 생각하는 것이 어린아이와 같다가 장성한 사람이 되어서는 어린아이의 일을 버렸노라
12 우리가 지금은 거울로 보는 것 같이 희미하나 그 때에는 얼굴과 얼굴을 대하여 볼 것이요 지금은 내가 부분적으로 아나 그 때에는 주께서 나를 아신 것 같이 내가 온전히 알리라
13 그런즉 믿음, 소망, 사랑, 이 세 가지는 항상 있을 것인데 그 중의 제일은 사랑이라

스러져가는 '사랑'의 불을
다시 일으켜 주세요

- 사랑의 중요한 특징 열다섯 가지를 찾아 밑줄을 그어 보세요.
  그중 가장 처음에 나오고 마지막에 세 번 반복되면서 특별히 강
  조되는 것은 무엇인가요?(4,7절)

- 사랑이 모든 은사보다 더 귀하고 믿음, 소망, 사랑 중 가장 우월
  한 것으로 여겨지는 것은 어떤 특성 때문인가요?(8절)

- 영원한 하나님의 사랑을 가장 완벽하게 표현한 사건은 무엇인
  가요?

- 한 해 동안 사랑 없이 행한 일들을 돌아보며 새해에는 사랑의
  열다섯 가지 특징 중 무엇에 더욱 집중할지 적어 보세요.

- 하나님은 사랑이십니다! 우리에게 사랑을 가능케 하시는 '하나
  님'의 이름을 4-7절의 주어인 '사랑은'에 대입하여 읽고 묵상해
  보세요.

사랑이신 주님,

주님의 사랑이 얼마나 고귀하고 아름다운지요! 십자가로 저를 살리시고 늘 함께 해주셔서 감사합니다. 사랑 없이 행한 일들의 무익함을 통하여 주의 사랑을 힘입지 않으면 아무것도 아님을 깨닫게 해주셔서 감사합니다. 이 시간 제 안에 사랑 없음을 회개하며 주의 사랑을 더욱 사모하오니 주께로 더욱 가까이 이끌어 주세요.

주님, 예수님의 십자가 사랑이 무엇보다 모든 교회 가운데 충만하길 간절히 원합니다. 서로를 향하여 참고 견디게 하는 그리스도의 옷을 입고 예수님의 사랑을 실현해나가도록 인도해주세요. 주의 참되신 사랑을 깨닫고 본받아 성도들의 삶과 교회 안에 사랑의 열매가 풍성히 맺히게 해주세요. 교회들이 주의 사랑 위에서 안정되고 권능을 회복하여 세상에 아름다운 덕을 비추게 해주세요. 사랑으로 다스리시는 예수님의 이름으로 기도합니다. 아멘.

....
....
....
....
....
....
....
....
....

"예수님을 만나세요"

새해결심 예수내기쁨편

REJOICE

수많은순간들 하나하나 순간순간이

이세상의 가장 빛나는 보석이다

REJOICE

date   ·   ·

오늘부터 일주일간 예수님께 나아가 선물을 드리려고 합니다. 그것이 무엇이든 우리 주님은 당신의 진심이 담긴 것을 기쁘게 받아주실 거예요. 자, 이제 예수님께 드릴 선물을 상자 안에 글이나 그림으로 표현하고, 감사카드에 그분을 향한 마음을 고백해보세요. 오늘은 '이 땅에 오신 참 빛' 예수님께 드리는 첫 번째 날입니다!

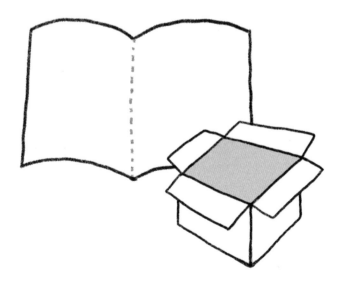

요한복음 1:1-18

1 태초에 말씀이 계시니라 이 말씀이 하나님과 함께 계셨으니 이 말씀은 곧 하나님이시니라

2 그가 태초에 하나님과 함께 계셨고

3 만물이 그로 말미암아 지은 바 되었으니 지은 것이 하나도 그가 없이는 된 것이 없느니라

4 그 안에 생명이 있었으니 이 생명은 사람들의 빛이라

5 빛이 어둠에 비치되 어둠이 깨닫지 못하더라

6 하나님께로부터 보내심을 받은 사람이 있으니 그의 이름은 요한이라

7 그가 증언하러 왔으니 곧 빛에 대하여 증언하고 모든 사람이 자기로 말미암아 믿게 하려 함이라

8 그는 이 빛이 아니요 이 빛에 대하여 증언하러 온 자라

9 참 빛 곧 세상에 와서 각 사람에게 비추는 빛이 있었나니

10 그가 세상에 계셨으며 세상은 그로 말미암아 지은 바 되었으되 세상이 그를 알지 못하였고

11 자기 땅에 오매 자기 백성이 영접하지 아니하였으나

12 영접하는 자 곧 그 이름을 믿는 자들에게는 하나님의 자녀가 되는 권세를 주셨으니

13 이는 혈통으로나 육정으로나 사람의 뜻으로 나지 아니하고 오직 하나님께로부터 난 자들이니라

14 말씀이 육신이 되어 우리 가운데 거하시매 우리가 그의 영광을 보니 아버지의 독생자의 영광이요 은혜와 진리가 충만하더라

15 요한이 그에 대하여 증언하여 외쳐 이르되 내가 전에 말하기를 내 뒤에 오시는 이가 나보다 앞선 것은 나보다 먼저 계심이라 한 것이 이 사람을 가리킴이라 하니라

16 우리가 다 그의 충만한 데서 받으니 은혜 위에 은혜러라

17 율법은 모세로 말미암아 주어진 것이요 은혜와 진리는 예수 그리스도로 말미암아 온 것이라

18 본래 하나님을 본 사람이 없으되 아버지 품속에 있는 독생하신 하나님이 나타내셨느니라

- 예수 그리스도의 신성에 대한 선포인 1절 말씀을 세 문장으로 만들어 종일 읊조리며 암송해보세요.

- 참 빛이신 예수님이 말씀이 되어 세상에 오신 뜻은 무엇인가요?(12절)

- 예수님과 관련하여 당신이 생각하는 또는 경험한 '은혜 위에 은혜'가 되는 일은 무엇인가요?

- 당신은 "예수 그리스도는 영원의 주(1절), 말씀이 되신 진리의 주(1절), 창조주(3,10절), 참 빛 되신 생명의 주(4,9절), 은혜의 주(14절)"이심을 경험한 실제적 간증이 있나요? 새해에는 당신이 만난 예수님을 더욱 증언하며 살아가시길 소망합니다.

말씀이 육신이 되어 이 땅에 오신 예수님,

예수님께서 참 빛으로 오신 생명의 주이심을 만방에 선포합니다. 어둠과 죽음이 지배하는 이 세상에 생명을 주시려고 빛으로 오신 예수님을 소리 높여 찬양하며 송축합니다.

은혜와 진리로 하나님과 세상을 하나로 회복시키시려고 육신이 되어 낮고 낮은 이 땅에 오신 예수님, 영광의 영광을 받으시길 간절히 소망합니다. 주께서 정하신 영혼들이 예수님을 영접하고 하나님의 자녀가 되는 특권을 선물로 받게 해주세요. 은혜의 선물이 가득하여 넘치는 복된 날을 누리게 해주세요. 온 세상이 예수는 구원자이심을 증언하게 해주세요. 홀로 영광 받으실 주님을 기뻐하며 예수님의 이름으로 기도합니다. 아멘.

REJOICE

date · ·

오늘은 '생명의 떡'이신 예수님께 나아가는 두 번째 날입니다! 예수님께 드릴 선물을 준비해서 상자 안에 글이나 그림으로 표현하고, 감사카드에 그분을 향한 마음을 표현해보세요.

30 그들이 묻되 그러면 우리가 보고 당신을 믿도록 행하시는 표적이 무엇이니이까, 하시는 일이 무엇이니이까

31 기록된 바 하늘에서 그들에게 떡을 주어 먹게 하였다 함과 같이 우리 조상들은 광야에서 만나를 먹었나이다

32 예수께서 이르시되 내가 진실로 진실로 너희에게 이르노니 모세가 너희에게 하늘로부터 떡을 준 것이 아니라 내 아버지께서 너희에게 하늘로부터 참 떡을 주시나니

33 하나님의 떡은 하늘에서 내려 세상에 생명을 주는 것이니라

34 그들이 이르되 주여 이 떡을 항상 우리에게 주소서

35 예수께서 이르시되 나는 생명의 떡이니 내게 오는 자는 결코 주리지 아니할 터이요 나를 믿는 자는 영원히 목마르지 아니하리라

36 그러나 내가 너희에게 이르기를 너희는 나를 보고도 믿지 아니하는도다 하였느니라

37 아버지께서 내게 주시는 자는 다 내게로 올 것이요 내게 오는 자는 내가 결코 내쫓지 아니하리라

38 내가 하늘에서 내려온 것은 내 뜻을 행하려 함이 아니요 나를 보내신 이의 뜻을 행하려 함이니라

39 나를 보내신 이의 뜻은 내게 주신 자 중에 내가 하나도 잃어버리지 아니하고 마지막 날에 다시 살리는 이것이니라

40 내 아버지의 뜻은 아들을 보고 믿는 자마다 영생을 얻는 이것이니 마지막 날에 내가 이를 다시 살리라 하시니라

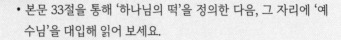

- 본문 33절을 통해 '하나님의 떡'을 정의한 다음, 그 자리에 '예수님'을 대입해 읽어 보세요.

- 하나님의 아들이신 예수님이 하늘에서 이 땅으로 오신 뜻과 '생명의 떡'이신 예수님을 이 땅에 보내신 아버지 하나님의 뜻은 무엇인가요?(38-40절)

- 유대인들이 하늘의 '만나'를 의식주 해결과 만족으로 왜곡한 것처럼 당신이 예수님과 그분이 하시는 일에 대해 오해하고 있는 것은 무엇인지 돌아보세요. 한 해 동안 당신에게 예수님은 일용할 양식이셨나요, 영혼의 양식이셨나요?

- 한 해를 돌아볼 때, 당신에게 생명의 떡덩이를 나누어 준 사람은 누구이고, 당신이 생명의 떡 한 조각이라도 들고 찾아갈 잃어버린 영혼은 누구인가요?

생명의 근원이신 예수님,

영원한 형벌로 지옥에서 영원히 살아야 할 죄인인 저를 구원하셔서 천국에서 영원히 살 생명을 주셔서 감사합니다. 이스라엘 백성은 광야 40년 동안 하늘에서 내려온 만나를 먹었음에도 죽었지만, 예수님을 믿고 그분께 오는 자는 영원히 살게 하시니 제게 오신 주님이 최고의 표적이심을 믿습니다. 세상 종말의 날에도 저를 다시 살리실 것을 믿기에 더 이상 죽음이 두렵지 않습니다.

한 생명을 천하보다 더 소중히 여기시는 주님, 오늘 이 땅 어디에선가 죽음의 벼랑 끝에 있는 사람이 있다면 그 영혼에게도 제게 주신 생명의 떡을 주셔서 그가 새 생명을 얻어 죽음으로부터 영혼이 해방되게 해주세요. 오늘 저도 생명의 떡을 들고 나가 웃고 있으나 주리고 목말라 울부짖는 심령에게 나누겠습니다. 제게 역사하신 성령님, 동일하게 역사해주세요. 참 양식이 되어 이 땅에 오신 주님을 기뻐하며 예수님의 이름으로 기도합니다. 아멘.

REJOICE

date   •   •

오늘은 '세상의 빛'이신 예수님께 나아가는 세 번째 날입니다! 예수님께 드릴 선물을 준비해서 상자 안에 글이나 그림으로 표현하고, 감사카드에 그분을 향한 마음을 표현해보세요.

요한복음 8:12-20

12 예수께서 또 말씀하여 이르시되 나는 세상의 빛이니 나를 따르는 자는 어둠에 다니지 아니하고 생명의 빛을 얻으리라

13 바리새인들이 이르되 네가 너를 위하여 증언하니 네 증언은 참되지 아니하도다

14 예수께서 대답하여 이르시되 내가 나를 위하여 증언하여도 내 증언이 참되니 나는 내가 어디서 오며 어디로 가는 것을 알거니와 너희는 내가 어디서 오며 어디로 가는 것을 알지 못하느니라

15 너희는 육체를 따라 판단하나 나는 아무도 판단하지 아니하노라

16 만일 내가 판단하여도 내 판단이 참되니 이는 내가 혼자 있는 것이 아니요 나를 보내신 이가 나와 함께 계심이라

17 너희 율법에도 두 사람의 증언이 참되다 기록되었으니

18 내가 나를 위하여 증언하는 자가 되고 나를 보내신 아버지도 나를 위하여 증언하시느니라

19 이에 그들이 묻되 네 아버지가 어디 있느냐 예수께서 대답하시되 너희는 나를 알지 못하고 내 아버지도 알지 못하는도다 나를 알았더라면 내 아버지도 알았으리라

20 이 말씀은 성전에서 가르치실 때에 헌금함 앞에서 하셨으나 잡는 사람이 없으니 이는 그의 때가 아직 이르지 아니하였음이러라

• 예수님은 그분 자신을 무엇이라 선언하시고, 예수님을 따르는 사람이 얻는 것은 무엇인가요?(12절)

• 예수님은 그분의 증언과 그분의 판단이 왜 참되다고 하시나요?(14,16절) 그 의미를 묵상해보세요.

• 한 해를 돌아볼 때, '생명의 빛 예수님'은 '어둠 속에 있던 당신'을 어떻게 만나주셨나요?

• 당신은 빛을 가장한 어둠의 세력을 분별할 영적 분별력이 있나요? 오늘날 사망은 어떤 형태로 세상을 비추며 미혹하고 있는지 생각해보세요.

• 죄의 수치로 떨며 어둠 속에 있는 영혼들에게 어떻게 생명의 빛을 나타낼 수 있을까요? 작은 것이라도 실천해보세요.

빛의 근원이신 예수님,

죄악의 어두움 가운데 있던, 어두운 사망의 권세 아래 있던 제게 구원의 빛을 비춰 주셔서 감사합니다. 그러나 때론 그 은혜를 망각하고 정죄의 손으로 돌을 들어 던지기도 하였던 저를 용서해주세요.

주님, 어두운 세상에서 신음하는 영혼들이 참 빛을 보게 해주세요. 구원을 바라는 많은 영혼들이 주께로 나아와 빛의 자녀인 정체성을 얻어 확신을 갖고 살아가게 해주세요. 예수님을 증언하시는 성령님의 역사와 성도들의 사랑의 수고가 빛처럼 세상에 비춰지길 간절히 소망합니다. 항상 빛 가운데 거하도록 내주하시는 성령님, 제가 이 은혜의 때에 빛이신 예수님을 어떻게 증언할지 지혜와 명철을 주세요. 용기와 담대함을 주세요. 세상의 빛이 되어 이 땅에 오신 주님을 기뻐하며 예수님의 이름으로 기도합니다. 아멘.

REJOICE

date   •   •

오늘은 '양의 문', '선한 목자'이신 예수님께 나아가는 네 번째 날입니다! 예수님께 드릴 선물을 준비해서 상자 안에 글이나 그림으로 표현하고, 감사카드에 그분을 향한 마음을 표현해보세요.

7 그러므로 예수께서 다시 이르시되 내가 진실로 진실로 너희에게 말하노니 나는 양의 문이라

8 나보다 먼저 온 자는 다 절도요 강도니 양들이 듣지 아니하였느니라

9 내가 문이니 누구든지 나로 말미암아 들어가면 구원을 받고 또는 들어가며 나오며 꼴을 얻으리라

10 도둑이 오는 것은 도둑질하고 죽이고 멸망시키려는 것뿐이요 내가 온 것은 양으로 생명을 얻게 하고 더 풍성히 얻게 하려는 것이라

11 나는 선한 목자라 선한 목자는 양들을 위하여 목숨을 버리거니와

12 삯꾼은 목자가 아니요 양도 제 양이 아니라 이리가 오는 것을 보면 양을 버리고 달아나나니 이리가 양을 물어 가고 또 헤치느니라

13 달아나는 것은 그가 삯꾼인 까닭에 양을 돌보지 아니함이나

14 나는 선한 목자라 나는 내 양을 알고 양도 나를 아는 것이

15 아버지께서 나를 아시고 내가 아버지를 아는 것 같으니 나는 양을 위하여 목숨을 버리노라

16 또 이 우리에 들지 아니한 다른 양들이 내게 있어 내가 인도하여야 할 터이니 그들도 내 음성을 듣고 한 무리가 되어 한 목자에게 있으리라

17 내가 내 목숨을 버리는 것은 그것을 내가 다시 얻기 위함이니 이로 말미암아 아버지께서 나를 사랑하시느니라

18 이를 내게서 빼앗는 자가 있는 것이 아니라 내가 스스로 버리노라 나는 버릴 권세도 있고 다시 얻을 권세도 있으니 이 계명은 내 아버지에게서 받았노라 하시니라

- 양들이 '양의 문'이신 예수님을 통하여 드나들면서 얻는 것은 무엇인가요?(9절)

- 예수님이 하시는 일과 악한 종교지도자들이 하는 일(10절), 그리고 선한 목자이신 예수님과 삯꾼을 비교해보세요(11-12절).

- 지금 당신은 주님이 맡기신 지체들을 '내 양들'로 여기는 선한 목자의 마음을 품고 있나요?

- 한 해 동안 '내 양들'이 어려운 일을 당할 때, 슬쩍 외면하진 않았는지 돌아보세요. 다시 양 우리로 인도할 형제자매는 누구인가요?

- 한 해 동안 목자이신 예수님을 더욱 깊이 만났나요? 선한 목자이신 예수님을 본받아 맡겨 주신 양을 위하여 새해에 내가 희생할 일은 무엇인가요?

온 인류의 구원자이시며 선한 목자이신 예수님,

예수님을 통하여 하나님 아버지께 나아가고, 하나님 나라에 들어가게 해주셔서 감사합니다. 자기 양들의 이름을 하나하나 부르시며 이끌어 가시는 선한 목자이신 주님께 제 모든 것을 의탁합니다.

주님, 목자이신 예수님의 음성을 듣고 따라가야 하는데, 그 음성을 놓치고 낯선 소리에 현혹되기도 합니다. 제 이익과 안전에 마음을 빼앗겨 훔치고 죽이고 파괴하는 악의 세력을 분별하지 못해 맡기신 양들을 잃어버리기도 합니다. 이런 저를 용서해주시고 긍휼히 여겨 주세요. 주님께서 지키시는 양 우리만이 안전하고 풍성하므로 이제 주님 곁을 떠나지 않고 양 무리와 더욱 하나 되겠습니다. 세상의 현란한 소리 가운데 잃어버린 양들의 소리에 귀 기울여 양 우리로 인도하겠습니다. 새해에는 주께서 준비하신 생명의 은혜가 더욱 풍성하게 해주세요. 잃어버린 양들이 주께로 돌아오게 해주세요. 구원의 문이시며 선한 목자로 이 땅에 오신 주님을 기뻐하며 예수님의 이름으로 기도합니다. 아멘.

REJOICE

date · ·

오늘은 '부활'이요 '생명'이신 예수님께 나아가는 다섯 번째 날입니다! 예수님께 드릴 선물을 준비해서 상자 안에 글이나 그림으로 표현하고, 감사카드에 그분을 향한 마음을 표현해보세요.

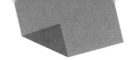

요한복음 11:25-45

25 예수께서 이르시되 나는 부활이요 생명이니 나를 믿는 자는 죽어도 살겠고

26 무릇 살아서 나를 믿는 자는 영원히 죽지 아니하리니 이것을 네가 믿느냐

27 이르되 주여 그러하외다 주는 그리스도시요 세상에 오시는 하나님의 아들이신 줄 내가 믿나이다

28 이 말을 하고 돌아가서 가만히 그 자매 마리아를 불러 말하되 선생님이 오셔서 너를 부르신다 하니

29 마리아가 이 말을 듣고 급히 일어나 예수께 나아가매

30 예수는 아직 마을로 들어오지 아니하시고 마르다가 맞이했던 곳에 그대로 계시더라

31 마리아와 함께 집에 있어 위로하던 유대인들은 그가 급히 일어나 나가는 것을 보고 곡하러 무덤에 가는 줄로 생각하고 따라가더니

32 마리아가 예수 계신 곳에 가서 뵈옵고 그 발 앞에 엎드리어 이르되 주께서 여기 계셨더라면 내 오라버니가 죽지 아니하였겠나이다 하더라

33 예수께서 그가 우는 것과 또 함께 온 유대인들이 우는 것을 보시고 심령에 비통히 여기시고 불쌍히 여기사

34 이르시되 그를 어디 두었느냐 이르되 주여 와서 보옵소서 하니

35 예수께서 눈물을 흘리시더라

36 이에 유대인들이 말하되 보라 그를 얼마나 사랑하셨는가 하며

37 그 중 어떤 이는 말하되 맹인의 눈을 뜨게 한 이 사람이 그 사람은 죽지 않게 할 수 없었더냐 하더라

38 이에 예수께서 다시 속으로 비통히 여기시며 무덤에 가시니 무덤이 굴이라 돌로 막았거늘

39 예수께서 이르시되 돌을 옮겨 놓으라 하시니 그 죽은 자의 누이 마르다가 이르되 주여 죽은 지가 나흘이 되었으매 벌써 냄새가 나나이다

40 예수께서 이르시되 내 말이 네가 믿으면 하나님의 영광을 보리라 하지 아니하였느냐 하시니

41 돌을 옮겨 놓으니 예수께서 눈을 들어 우러러 보시고 이르시되 아버지여 내 말을 들으신 것을 감사하나이다

42 항상 내 말을 들으시는 줄을 내가 알았나이다 그러나 이 말씀하옵는 것은 둘러선 무리를 위함이니 곧 아버지께서 나를 보내신 것을 그들로 믿게 하려 함이니이다

43 이 말씀을 하시고 큰 소리로 나사로야 나오라 부르시니

44 죽은 자가 수족을 베로 동인 채로 나오는데 그 얼굴은 수건에 싸였더라 예수께서 이르시되 풀어 놓아 다니게 하라 하시니라

45 마리아에게 와서 예수께서 하신 일을 본 많은 유대인이 그를 믿었으나

REJOICE

부활이요 생명이신
예수님을 기뻐하며 경배합니다

- 예수님께서 부활이요 생명이심을 믿는 자는 무엇을 소유하게 되나요?(25-26절)

- 죽은 지 나흘이나 된 나사로를 다시 살리신 표적 속에 담긴 예수님의 뜻은 무엇인가요?(4,15,40,45절)

  11:4 예수께서 들으시고 이르시되 이 병은 죽을 병이 아니라 하나님의 영광을 위함이요 하나님의 아들이 이로 말미암아 영광을 받게 함이라 하시더라

  11:15 내가 거기 있지 아니한 것을 너희를 위하여 기뻐하노니 이는 너희로 믿게 하려 함이라 그러나 그에게로 가자 하시니

- 예수님은 나사로의 죽음을 '잠들었다'(11절)고 표현하십니다. 당신은 '죽음'을 어떻게 정의하고 있나요? 죽음에 대한 당신의 솔직한 마음은 어떠하며 이는 당신의 믿음과 어떤 관계가 있나요?

- 육신은 살았으나 영혼은 잠들어 무덤 같은 어둠에서 나오지 못하고 있는 친구, 무덤 문을 열어 단단히 묶여 있는 영혼을 풀어 자유롭게 다니게 할 친구가 있다면 아래에 이름을 적고 기도하는 시간을 가지세요.

부활이요 생명이신 예수님,

죽음의 권세를 이기신 주님의 권능을 높이 찬양합니다. 십자가에서 죽으시고 부활하셔서 영광 받으시고 하나님 보좌 우편에서 모든 생명을 주관하시는 예수님을 경배합니다.

우리의 죗값을 대신 지불하시고 영원한 형벌에서 영원한 생명으로 옮기신 주님, 주님은 죄로 인해 죽음에 사로잡힌 자들을 얼마나 안타까이 여기시는지요! 죽음에 대하여 생각하는 사람의 한계가 얼마나 비통하신지요! 죽음의 주관자인 악의 영들을 향해서는 얼마나 통분히 여기시겠는지요! 저도 주님의 이 마음을 품고 영혼 구원을 위해 부활이요 생명이신 주의 이름을 큰 소리로 외치는 자가 되길 원합니다. 성령 하나님, 사망 권세 이기신 주님을 신뢰하는 믿음의 담력을 제게 부어 주세요. 많은 사람들이 예수님을 믿게 되는 영광의 일을 위하여 저를 사용해 주세요. 죄와 사망의 권세, 지옥과 사탄의 권세를 이기시고 승리하신 만군의 여호와를 기뻐하며 예수님의 이름으로 기도합니다. 아멘.

....

....

....

....

....

....

....

....

REJOICE

date . .

오늘은 '길'이요 '진리'요 '생명'이신 예수님께 나아가는 여섯 번째 날입니다! 예수님께 드릴 선물을 준비해서 상자 안에 글이나 그림으로 표현하고, 감사카드에 그분을 향한 마음을 표현해보세요.

1 너희는 마음에 근심하지 말라 하나님을 믿으니 또 나를 믿으라

2 아버지 집에 거할 곳이 많도다 그렇지 않으면 너희에게 일렀으리라 내가 너희를 위하여 거처를 예비하러 가노니

3 가서 너희를 위하여 거처를 예비하면 내가 다시 와서 너희를 내게로 영접하여 나 있는 곳에 너희도 있게 하리라

4 내가 어디로 가는지 그 길을 너희가 아느니라

5 도마가 이르되 주여 주께서 어디로 가시는지 우리가 알지 못하거늘 그 길을 어찌 알겠사옵나이까

6 예수께서 이르시되 내가 곧 길이요 진리요 생명이니 나로 말미암지 않고는 아버지께로 올 자가 없느니라

7 너희가 나를 알았더라면 내 아버지도 알았으리로다 이제부터는 너희가 그를 알았고 또 보았느니라

8 빌립이 이르되 주여 아버지를 우리에게 보여 주옵소서 그리하면 족하겠나이다

9 예수께서 이르시되 빌립아 내가 이렇게 오래 너희와 함께 있으되 네가 나를 알지 못하느냐 나를 본 자는 아버지를 보았거늘 어찌하여 아버지를 보이라 하느냐

10 내가 아버지 안에 거하고 아버지는 내 안에 계신 것을 네가 믿지 아니하느냐 내가 너희에게 이르는 말은 스스로 하는 것이 아니라 아버지께서 내 안에 계셔서 그의 일을 하시는 것이라

11 내가 아버지 안에 거하고 아버지께서 내 안에 계심을 믿으라 그렇지 못하겠거든 행하는 그 일로 말미암아 나를 믿으라

12 내가 진실로 진실로 너희에게 이르노니 나를 믿는 자는 내가 하는 일을 그도 할 것이요 또한 그보다 큰 일도 하리니 이는 내가 아버지께로 감이라

13 너희가 내 이름으로 무엇을 구하든지 내가 행하리니 이는 아버지로 하여금 아들로 말미암아 영광을 받으시게 하려 함이라

14 내 이름으로 무엇이든지 내게 구하면 내가 행하리라

- 구원을 얻어 하나님께 나아가는 길, 하나님과 화목하고 교제하는 길, 영원한 생명을 얻어 하나님의 집에서 영원히 사는 길은 어떠하신 예수님을 믿어야 가능한가요?(6절)

- 예수님이 이 땅에서 십자가 대속을 마치고 떠나신 후 다시 오셔서 우리와 영원히 함께 하시기 전까지 하시는 일은 무엇인가요?(2-3절)

- 한 해 동안 당신은 예수님의 약속(3절)을 믿음으로써 이 땅의 것에 매이지 않는 나그네 삶을 살았는지 돌아보세요.

- 영원한 처소가 있는 본향을 바라며 자유해져야 할 내 마음의 근심, 극복할 삶의 두려움, 그리고 회복할 믿음의 소망은 무엇인가요?

- 한 해를 돌아볼 때, 예수님과의 연합을 통해 당신 안에 역사하시는 주께서 이루신 큰일은 무엇이었나요? 그 열매를 나누어 보세요.

길이요 진리요 생명이신 예수님,

인류가 그토록 갈망하던 구원의 길을 열어 주시니 예수 그리스도는 온 세상에 얼마나 기쁘고 복된 소식인지요! 십자가를 통하여 하나님과의 막혔던 담이 무너져 아버지께 나아가게 되니 주가 흘리신 보혈은 얼마나 귀하고 권능 있는지요!

보혜사 성령님, 우매한 저를 깨우쳐 진리를 믿고 알게 해주셔서 감사합니다. 늘 곁에서 도우시므로 제가 약속의 말씀을 붙들고 본향을 소망하게 하시니 감사합니다. 다시 오실 예수님을 증거해주셔서 영원한 처소를 기다리게 하시니 감사합니다. 예수님은 제가 영원히 거할 처소를 예비해주시고, 성령님은 저를 진리로 이끌어 주시니 저도 삼위 하나님과 연합하여 주의 일을 기쁘게 행하겠습니다. 말씀하신 대로 친히 행하셔서 아버지께 영광이 되는 삶을 살아가게 해주세요. 십자가의 보혈로 담력을 얻게 하신 길이요 진리요 생명이신 주님을 기뻐하며 예수 그리스도의 이름으로 기도합니다. 아멘.

오늘은 '참포도나무'이신 예수님께 나아가는 'REJOICE'
의 마지막 날입니다! 지금까지 준비한 선물과 카드를 모
아 예수님께 붙이세요. 봉투에 받는 이와 보내는 이의 이
름을 나만의 고백으로 적어 보세요.

보내는 이

받는 이　생명의 떡, 세상의 빛, 양의 문, 선한 목자,
부활과 생명, 길과 진리와 생명, 참포도나무,
그리고 나를 위하여 이 땅에 오신 예수님

요한복음 15:1-17

1 나는 참포도나무요 내 아버지는 농부라

2 무릇 내게 붙어 있어 열매를 맺지 아니하는 가지는 아버지께서 그것을 제거해 버리시고 무릇 열매를 맺는 가지는 더 열매를 맺게 하려 하여 그것을 깨끗하게 하시느니라

3 너희는 내가 일러준 말로 이미 깨끗하여졌으니

4 내 안에 거하라 나도 너희 안에 거하리라 가지가 포도나무에 붙어 있지 아니하면 스스로 열매를 맺을 수 없음 같이 너희도 내 안에 있지 아니하면 그러하리라

5 나는 포도나무요 너희는 가지라 그가 내 안에, 내가 그 안에 거하면 사람이 열매를 많이 맺나니 나를 떠나서는 너희가 아무것도 할 수 없음이라

6 사람이 내 안에 거하지 아니하면 가지처럼 밖에 버려져 마르나니 사람들이 그것을 모아다가 불에 던져 사르느니라

7 너희가 내 안에 거하고 내 말이 너희 안에 거하면 무엇이든지 원하는 대로 구하라 그리하면 이루리라

8 너희가 열매를 많이 맺으면 내 아버지께서 영광을 받으실 것이요 너희는 내 제자가 되리라

9 아버지께서 나를 사랑하신 것 같이 나도 너희를 사랑하였으니 나의 사랑 안에 거하라

10 내가 아버지의 계명을 지켜 그의 사랑 안에 거하는 것 같이 너희도 내 계명을 지키면 내 사랑 안에 거하리라

11 내가 이것을 너희에게 이름은 내 기쁨이 너희 안에 있어 너희 기쁨을 충만하게 하려 함이라

12 내 계명은 곧 내가 너희를 사랑한 것 같이 너희도 서로 사랑하라 하는 이것이니라

13 사람이 친구를 위하여 자기 목숨을 버리면 이보다 더 큰 사랑이 없나니

14 너희는 내가 명하는 대로 행하면 곧 나의 친구라

15 이제부터는 너희를 종이라 하지 아니하리니 종은 주인이 하는 것을 알지 못함이라 너희를 친구라 하였노니 내가 내 아버지께 들은 것을 다 너희에게 알게 하였음이라

16 너희가 나를 택한 것이 아니요 내가 너희를 택하여 세웠나니 이는 너희로 가서 열매를 맺게 하고 또 너희 열매가 항상 있게 하여 내 이름으로 아버지께 무엇을 구하든지 다 받게 하려 함이라

17 내가 이것을 너희에게 명함은 너희로 서로 사랑하게 하려 함이라

REJOICE

- 농부이신 하나님은 참포도나무이신 예수님께 붙어 있으면서도 열매 맺지 못하는 가지와 열매 맺는 가지를 어떻게 손질하시나요?(2절)

- 그리스도 안에서 거듭나 깨끗해진 자는 어떻게 과실을 많이 맺을 수 있나요?(4-5절)

- 예수님과 연합한 제자들은 어떤 삶을 살게 되고(8절), 그분의 사랑 안에 거하는 방법은 무엇인가요?(10절)

- 한 해 동안 당신이 맺은 삶과 신앙의 열매들을 꺼내 보세요. 열매로 그 나무를 알 수 있듯이 당신은 참포도나무에 붙어 있었나요? 예수님을 떠나 세상에 붙어 있어서 맺은 열매는 어떤 영향을 주었나요?

- 한 해 동안 열매가 더디 맺히는 것 같아 스스로 잘라낸 가지는 무엇인가요? 새해를 맞아 이제 다시 예수님께 붙일 가지는 무엇인지 적어 보세요.

참포도나무이신 예수님,

저를 택하셔서 포도나무의 가지가 되게 하시고 참된 열매를 맺어 하나님께 영광 돌리게 해주셔서 감사합니다. 주님과 하나로 연합하여 주의 참되신 뜻을 행하고 풍성한 열매를 맺는 참 제자의 길을 걷게 해주셔서 감사합니다.

주님, 저는 눈과 마음이 늘 가려져 있어 주님의 뜻을 잘 알지 못하고 행하지도 못함을 고백합니다. 그럼에도 성령께서 제 안에 내주하시며 주님의 마음과 뜻을 알려 주시니 얼마나 즐거운지요! 하나님 나라의 비밀과 복음의 비밀을 깨우쳐 주시니 얼마나 복된지요! 주님, 이제는 부족한 종의 모습을 버리고 주님의 참된 친구가 되길 원합니다. 주님을 사랑하여 주의 말씀을 지키며 지체들과 서로 사랑하겠습니다. 주님과 연합하고 지체들과 하나 되어 하나님 아버지의 선하신 뜻을 이뤄나가겠습니다. 주의 뜻이 이뤄지는 하나님 나라를 영원히 다스리시는 참포도나무이신 주님을 기뻐하며 예수님의 이름으로 기도합니다. 아멘.

....
....
....
....
....
....
....

"다시, 새롭게, 시작하세요"

새해결심 새로운시작편

RENEW

우리들이 함께 행복하게 살아갑시다

봄이 오면

RENEW

date · ·

새해달력을 받으면 빨간 날(공휴일)부터 세어보곤 하는데요. 다른 사람들에게는 평범한 날이지만 나에게만은 아주 특별한 날, 그래서 늘 기억하고 매해 지키는 날은 몇 월 며칠이고 그날이 특별한 이유는 무엇인가요? 아직 나만의 특별한 날이 없다면 한 해를 돌아보며 한번 만들어 보세요.

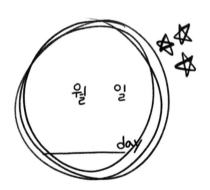

출애굽기 12:1-14

1 여호와께서 애굽 땅에서 모세와 아론에게 일러 말씀하시되

2 이 달을 너희에게 달의 시작 곧 해의 첫 달이 되게 하고

3 너희는 이스라엘 온 회중에게 말하여 이르라 이 달 열흘에 너희 각자가 어린 양을 잡을지니 각 가족대로 그 식구를 위하여 어린 양을 취하되

4 그 어린 양에 대하여 식구가 너무 적으면 그 집의 이웃과 함께 사람 수를 따라서 하나를 잡고 각 사람이 먹을 수 있는 분량에 따라서 너희 어린 양을 계산할 것이며

5 너희 어린 양은 흠 없고 일 년 된 수컷으로 하되 양이나 염소 중에서 취하고

6 이 달 열나흗날까지 간직하였다가 해 질 때에 이스라엘 회중이 그 양을 잡고

7 그 피를 양을 먹을 집 좌우 문설주와 인방에 바르고

8 그 밤에 그 고기를 불에 구워 무교병과 쓴 나물과 아울러 먹되

9 날것으로나 물에 삶아서 먹지 말고 머리와 다리와 내장을 다 불에 구워 먹고

10 아침까지 남겨두지 말며 아침까지 남은 것은 곧 불사르라

11 너희는 그것을 이렇게 먹을지니 허리에 띠를 띠고 발에 신을 신고 손에 지팡이를 잡고 급히 먹으라 이것이 여호와의 유월절이니라

12 내가 그 밤에 애굽 땅에 두루 다니며 사람이나 짐승을 막론하고 애굽 땅에 있는 모든 처음 난 것을 다 치고 애굽의 모든 신을 내가 심판하리라 나는 여호와라

13 내가 애굽 땅을 칠 때에 그 피가 너희가 사는 집에 있어서 너희를 위하여 표적이 될지라 내가 피를 볼 때에 너희를 넘어가리니 재앙이 너희에게 내려 멸하지 아니하리라

14 너희는 이 날을 기념하여 여호와의 절기를 삼아 영원한 규례로 대대로 지킬지니라

RENEW

그리스도의 보배로운 피로
담대히 나아갑니다

- 왜 하나님은 유월절을 '한 해를 시작하는 첫째 달'로 정하라 하셨는지 그 뜻을 묵상해보세요.

- 이스라엘 백성이 죽음을 면하고 살게 된 생명의 표적(sign)인 '어린 양의 피'는 무엇을 상징하나요?

- 다음 질문을 통해 예수 그리스도를 통한 대속(남의 죄를 대신하여 벌을 받거나 속죄함)의 의미를 정리한 후, 이를 마음에 새기면서 새해를 향해 나아가세요.
  - 죄의 삯은 무엇이고, 죄로 죽을 수밖에 없는 온 인류의 죗값을 대신 치르신 분은 누구신가요?
  - 죄인을 대신해 십자가에서 죽으심으로 죄인에서 의인으로, 사망에서 생명으로 옮기신 예수님께서 '유월절 어린 양'이심을 믿나요?
  - 유월절 어린 양 예수님의 피 흘리심으로 모든 죄에서 사함 받았음을 믿나요?
  - 예수님이 십자가에서 흘리신 보혈로 죄와 사망에서 영원한 자유함을 얻었나요?

- 한 해를 마무리하면서 사탄과 죄 아래서 해방된 나의 출애굽 사건과 새롭게 태어난 나의 유월절을 영적 가족들과 함께 나누고, 예수님의 떡(살)을 떼고 잔(피)을 마시는 성만찬을 차분한 마음으로 상기하며 새해를 준비해보세요.

세상 죄를 대속하신 예수님,

유월절 어린 양으로 오신 예수님의 대속의 은총으로 죄와 사망에서 구원 받고 새 생명 얻게 하심을 찬양합니다. 아무 자격 없고 공로 없는 죄인인 저를 대신하여 십자가에서 흘리신 예수님의 피로 하나님 아버지 앞에 나아가게 하신 은혜를 감사합니다. 더 이상 종노릇하지 않고 하나님의 자녀가 되고 백성이 되어 주께서 통치하시는 나라에서 의와 평강과 희락을 누리며 살게 하심을 감사합니다.

주님, 한 해를 마무리하며 나의 유월절과 출애굽 사건을 다시 상기해봅니다. 십자가에 달리신 예수님을 바라보며 찢기신 살과 흘리신 피를 다시 묵상해봅니다. 이제는 더 이상 지나간 죄의 흔적에 짓눌리지 않고 삶의 쓴 고통에 매여 있지 않겠습니다. 새해에는 그리스도의 피와 의를 덧입고 주님과 다시 연합하여 사는 새로운 삶이 되기를 갈망합니다. 자신의 몸을 희생 제물로 내어 주신 평강의 주, 예수님의 이름으로 기도합니다. 아멘.

헬라어에서 '시간'은 두 가지 개념으로 나뉘어 사용되는
데요. 하나는 크로노스(χρόνος)로 이 땅에서 흘러가는 시
간을 의미하고, 다른 하나는 카이로스(καιρός)로 하나님과
의 관계에서 나타나는 그분이 정하신 섭리의 시간, 구원의
역사가 일어나는 시간을 뜻합니다. 아래에 두 단어를 따라
쓰면서 한 해 동안 나의 모든 시간에 찾아오셔서 나를 만
나주신 하나님을 기억해보세요.

χρόνος

καιρός

에베소서 5:8-21

8 너희가 전에는 어둠이더니 이제는 주 안에서 빛이라 빛의 자녀들처럼 행하라

9 빛의 열매는 모든 착함과 의로움과 진실함에 있느니라

10 주를 기쁘시게 할 것이 무엇인가 시험하여 보라

11 너희는 열매 없는 어둠의 일에 참여하지 말고 도리어 책망하라

12 그들이 은밀히 행하는 것들은 말하기도 부끄러운 것이라

13 그러나 책망을 받는 모든 것은 빛으로 말미암아 드러나나니 드러나는 것마다 빛이니라

14 그러므로 이르시기를 잠자는 자여 깨어서 죽은 자들 가운데서 일어나라 그리스도께서 너에게 비추이시리라 하셨느니라

15 그런즉 너희가 어떻게 행할지를 자세히 주의하여 지혜 없는 자 같이 하지 말고 오직 지혜 있는 자 같이 하여

16 *세월을 아끼라 때가 악하니라

17 그러므로 어리석은 자가 되지 말고 오직 주의 뜻이 무엇인가 이해하라

18 술 취하지 말라 이는 방탕한 것이니 오직 성령으로 충만함을 받으라

19 시와 찬송과 신령한 노래들로 서로 화답하며 너희의 마음으로 주께 노래하며 찬송하며

20 범사에 우리 주 예수 그리스도의 이름으로 항상 아버지 하나님께 감사하며

21 그리스도를 경외함으로 피차 복종하라

*세월: 카이로스(καιρός)

- 빛의 자녀답게 살면 어떤 열매를 맺나요?(9절) 새해에 당신이 집중해야 할 열매는 무엇인가요?

- 지혜로운 사람답게 사는 방법은 무엇인가요?(16-21절)

- 빛의 열매로 가득한 새해를 위해 당신의 붙들어야 할 말씀을 본문에서 찾아보세요.

- 당신은 하나님께 속했으므로 당신의 모든 시간도 하나님의 것입니다. 하나님께 구속된 당신의 시간 속에 한 해 동안 당신이 놓친 기회들을 떠올려 보세요. 하나님의 뜻을 행하는 새해가 되기 위해 다시 붙들어야 할 기회는 무엇인가요? 주님의 뜻을 성령님께 물어보세요.

아버지 하나님을 기쁘시게 해드린 예수님,

저도 예수님을 본받아 하나님을 기쁘시게 해드리는 삶을 살기 원합니다. 무엇보다 저를 기뻐하시는 아버지의 마음을 늘 기억하며 살기 원합니다.

성령 하나님, 어떻게 하면 아버지의 뜻을 알고 행하는 삶을 살 수 있는지 가르쳐 주세요. 아버지께서 제게 허락하신 삶에서 때마다 일마나 지시하시는 성령님의 기회를 놓치지 않게 해주세요. 성령 안에서 항상 깨어 있도록 순간마다 힘써 돌이켜 십자가에 달리신 예수님을 바라보게 해주세요. 진리로 무장하고 성령께 사로잡힌바 되어 날이 갈수록 더욱 아버지의 뜻과 하나 되게 해주세요. 새해는 성령님과 더욱 친밀하게 교제하며 이웃과 사랑으로 교제하길 소망합니다. 제 신앙과 삶이 동떨어지지 않고 일치하여 주님께 칭찬 받고 세상에서도 부끄럽지 않은 하나님의 사람이 되게 해주세요. 빛이요 지혜의 근원 되시는 예수님의 이름으로 기도합니다. 아멘.

RENEW

date ． ．

오늘 아침 눈뜰 때 제일 먼저 어떤 생각이 들었고 어떤 기분이 들었나요? 만약 오늘 하루 아무 일도 하지 않고 24시간을 마음껏 쓸 수 있다면 어떻게 보내고 싶은지 적어 보세요.

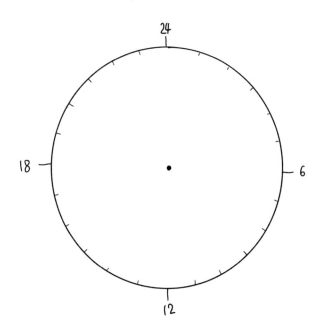

시편 34:1-18

1 내가 여호와를 항상 송축함이여 내 입술로 항상 주를 찬양하리이다
2 내 영혼이 여호와를 자랑하리니 곤고한 자들이 이를 듣고 기뻐하리로다
3 나와 함께 여호와를 광대하시다 하며 함께 그의 이름을 높이세
4 내가 여호와께 간구하매 내게 응답하시고 내 모든 두려움에서 나를 건지셨도다
5 그들이 주를 앙망하고 광채를 내었으니 그들의 얼굴은 부끄럽지 아니하리로다
6 이 곤고한 자가 부르짖으매 여호와께서 들으시고 그의 모든 환난에서 구원하셨도다
7 여호와의 천사가 주를 경외하는 자를 둘러 진 치고 그들을 건지시는도다
8 너희는 여호와의 선하심을 맛보아 알지어다 그에게 피하는 자는 복이 있도다
9 너희 성도들아 여호와를 경외하라 그를 경외하는 자에게는 부족함이 없도다
10 젊은 사자는 궁핍하여 주릴지라도 여호와를 찾는 자는 모든 좋은 것에 부족함이 없으리로다
11 너희 자녀들아 와서 내 말을 들으라 내가 여호와를 경외하는 법을 너희에게 가르치리로다
12 생명을 사모하고 연수를 사랑하여 복 받기를 원하는 사람이 누구뇨
13 네 혀를 악에서 금하며 네 입술을 거짓말에서 금할지어다
14 악을 버리고 선을 행하며 화평을 찾아 따를지어다
15 여호와의 눈은 의인을 향하시고 그의 귀는 그들의 부르짖음에 기울이시는도다
16 여호와의 얼굴은 악을 행하는 자를 향하사 그들의 자취를 땅에서 끊으려 하시는도다
17 의인이 부르짖으매 여호와께서 들으시고 그들의 모든 환난에서 건지셨도다
18 여호와는 마음이 상한 자를 가까이 하시고 충심으로 통회하는 자를 구원하시는도다

- 다윗이 함께 주님을 찬송할 것을 권하는 이유는 무엇인가요? (3,6-7절)

- 다윗이 가르쳐 주는 '주님을 경외하는 길'은 무엇인가요?(12-14절) 하나님을 경외하는 새해가 되기 위해 내가 행할 일과 이에 대한 구체적인 적용 방법을 계획해보세요.

- 한 해를 돌아볼 때, 하나님은 당신에게 어떤 분이셨나요?(광대하심, 귀 기울이심, 들으심, 응답하심, 보호하심, 건지심, 구원하심, 선하심, 공급하심, 살피심, 심판하심, 가까이하심) 당신이 경험한 그분의 이름을 감사함으로 적어 보세요.

- 찬양으로 한 해를 마무리하고 찬송으로 새해를 열어 보세요.

위대하신 하나님,

연약하고 부족한 저를 도우시고 인도해주신 주님을 노래하며 자랑합니다. 저를 한 번도 외면치 않으시고 귀 기울여 주신 주님, 제가 기뻐할 때 손뼉쳐주시고 제 마음이 상했을 때 격려해 주신 주님, 제가 두려워할 때 안심시켜 주시고 제 심령이 산산이 부서져 회개할 때 제 눈물을 닦아 주신 주님, 제가 주님을 떠나 도망쳐 간 곳에서도 제 발을 끌어올려 주신 주님, 제 얼굴을 들어 주시고 제 등을 떠밀어 주시고 제 손을 잡아 주신 주님, 어떤 상황과 어떤 형편 가운데 있을지라도 저를 놓지 않으시고 동행해주신 주님을 진정으로 높여 드립니다.

주님, 주님은 항상 선하시며 항상 옳으시고 항상 완전하심을 믿음으로 고백합니다. 그 무엇으로도 갚을 수 없고 그 어떤 것으로도 다 표현할 수 없는 삼위 하나님의 사랑을 외치며 선포합니다. 찬양의 시작과 끝이 되시는 예수 그리스도의 이름으로 기도합니다. 아멘.

....
....
....
....
....
....
....
....
....

RENEW

date · ·

새로운 시작을 기대하며 듣고 싶은 노래는 무엇인가요?
당신의 새해 첫 신청곡과 사연을 써주세요.

HAPPY NEW YEAR

신청곡:

아가서 2:10-17

10 나의 사랑하는 자가 내게 말하여 이르기를 나의 사랑, 내 어여쁜 자야 일어나서 함께 가자

11 겨울도 지나고 비도 그쳤고

12 지면에는 꽃이 피고 새가 노래할 때가 이르렀는데 비둘기의 소리가 우리 땅에 들리는구나

13 무화과나무에는 푸른 열매가 익었고 포도나무는 꽃을 피워 향기를 토하는구나 나의 사랑, 나의 어여쁜 자야 일어나서 함께 가자

14 바위 틈 낭떠러지 은밀한 곳에 있는 나의 비둘기야 내가 네 얼굴을 보게 하라 네 소리를 듣게 하라 네 소리는 부드럽고 네 얼굴은 아름답구나

15 우리를 위하여 여우 곧 포도원을 허는 작은 여우를 잡으라 우리의 포도원에 꽃이 피었음이라

16 내 사랑하는 자는 내게 속하였고 나는 그에게 속하였도다 그가 백합화 가운데에서 양 떼를 먹이는구나

17 내 사랑하는 자야 날이 저물고 그림자가 사라지기 전에 돌아와서 베데르 산의 노루와 어린 사슴 같을지라

- 솔로몬 왕은 술람미 여인을 어떻게 부르고 어떻게 초청하나
요?(10,13절) 사랑하는 여인에게 애틋하게 요청하는 것은 무엇
인가요?(14절)

- 깊고 성숙한 사랑을 위해 반드시 제거할 것은 무엇인가요?(15
절)

- 당신에게 사랑하시는 주님의 마음을 부인하게 하는 '여우'는
무엇인지 외적, 내적 요인을 모두 살펴보세요. 주의 사랑의 속
삭임을 듣지 못하게 방해하는 당신 마음의 작은 속삭임은 무엇
인가요?

- 새해의 첫걸음을 누구와 함께 시작했나요? 오늘 말씀을 묵상
하면서 주님과의 깊고 성숙한 사랑을 위해 결심한 것은 무엇이
고, 주님이 주신 소망의 메시지는 무엇인가요? 새해 '나의 소망
리스트'를 적어 보세요.

나의 신랑이신 예수님,

저를 주님의 사랑이라고, 주님의 신부라고 불러 주시니 얼마나 감사한지요! 친히 저를 찾아와 주셔서 오늘도 함께 가자고, 새해도 함께 가자고 초청해주셔서 감사합니다. 주님의 사랑은 얼마나 역동적이고 주님의 고백은 얼마나 진솔하신지요! 저를 뜨겁게 사랑하시는 주님께 저도 순전한 사랑으로 화답하는 새해가 되길 간절히 소망합니다.

나의 사랑이신 예수님, 주님과 더 친밀한 사랑의 교제를 나누기 위해 주의 말씀을 더욱 갈망합니다. 순간순간 주님의 사랑을 놓치지 않기 위해 성령님과 친밀하게 대화하길 소원합니다. 예수님의 사랑을 한껏 받으며 새해를 시작하게 하신 주님, 그 어떤 것으로도 저를 향한 주님의 사랑을 끊을 수 없음을 다시 한 번 확신하고 담대하게 출발합니다. 주님과의 사랑의 결실로 풍성한 새해 되게 하실 줄 믿고 확신하며 나의 성실한 남편이신 예수님의 이름으로 기도합니다. 아멘.

....

....

....

....

....

....

....

....

....

RENEW

date　・　・

아이쿠, 한 살이라도 어려지고 싶은데 어김없이 한 살 더 먹었습니다. 그런데 신앙에 있어서는 늙는 게 결코 슬픈 일이 아닌 것 같아요. 하나님은 어린아이가 되지 말고 모든 면에서 자라나 그리스도에게까지 다다라야 한다고 말씀하셨으니까요. 그렇다면 지금 당신의 신앙나이는 몇 살처럼 느껴지고, 새해에는 몇 살까지 자라고 싶은가요?

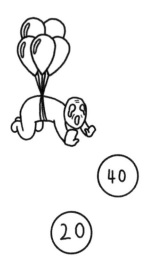

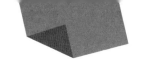

13 우리가 다 하나님의 아들을 믿는 것과 아는 일에 하나가 되어 온전한 사람을 이루어 그리스도의 장성한 분량이 충만한 데까지 이르리니

14 이는 우리가 이제부터 어린아이가 되지 아니하여 사람의 속임수와 간사한 유혹에 빠져 온갖 교훈의 풍조에 밀려 요동하지 않게 하려 함이라

15 오직 사랑 안에서 참된 것을 하여 범사에 그에게까지 자랄지라 그는 머리니 곧 그리스도라

16 그에게서 온몸이 각 마디를 통하여 도움을 받음으로 연결되고 결합되어 각 지체의 분량대로 역사하여 그 몸을 자라게 하며 사랑 안에서 스스로 세우느니라

17 그러므로 내가 이것을 말하며 주 안에서 증언하노니 이제부터 너희는 이방인이 그 마음의 허망한 것으로 행함

같이 행하지 말라

18 그들의 총명이 어두워지고 그들 가운데 있는 무지함과 그들의 마음이 굳어짐으로 말미암아 하나님의 생명에서 떠나 있도다

19 그들이 감각 없는 자가 되어 자신을 방탕에 방임하여 모든 더러운 것을 욕심으로 행하되

20 오직 너희는 그리스도를 그같이 배우지 아니하였느니라

21 진리가 예수 안에 있는 것 같이 너희가 참으로 그에게서 듣고 또한 그 안에서 가르침을 받았을진대

22 너희는 유혹의 욕심을 따라 썩어져 가는 구습을 따르는 옛 사람을 벗어 버리고

23 오직 너희의 심령이 새롭게 되어

24 하나님을 따라 의와 진리의 거룩함으로 지으심을 받은 새 사람을 입으라

RENEW 새 사람을 입고
그리스도의 충만한 데까지 자라겠습니다

- 예수님의 몸인 교회가 연결되고 결합되어 하나 되어야 하는 근거와 성도들이 모든 면에서 성숙하게 자라야 할 목표와 척도는 무엇인가요?(15절) 본문에서 하나 되어 추구해야 할 영적 목표점을 찾아 밑줄을 그어 보세요(13절).

- 예수 안에 있는 진리대로 그분에 관하여 듣고 그분 안에서 가르침을 받은 성도가 마땅히 행할 일은 무엇인가요?(22-24절)

- 예수님을 닮아가며 성숙하게 자라기 위해 당신이 세운 새해 계획은 무엇인가요? 그리스도의 충만하심의 경지에까지 다다르기 위해 당신이 버려야 할 세상 풍조와 허망한 생각은 무엇인가요?

- 섬기는 교회가 더욱 온전히 세워지기 위해 당신이 어떤 면에서 도움이 될 수 있을지 생각해보세요. 공동체 안에서 당신의 몫과 분량을 성령님과 함께 정해보세요.

진리의 성령님,

저를 향한 주님의 마음을 알고 배우고 따르게 해주셔서 감사합니다. 옛사람을 벗어 버리고 새 사람을 입도록 깨우쳐 주셔서 감사합니다. 주님의 몸인 교회가 하나 되어 머리이신 그리스도에게까지 자라도록 소망의 푯대를 세워 주셔서 감사합니다.

성령님, 제가 더 이상 어린아이로 있지 않고 더 나아지며 성장하는 새해가 되길 소망합니다. 모든 면에 부족함 없이 흠 없고 책망 받지 않는 그리스도의 일꾼으로 자라가도록 도와주세요. 교회 안에서 지체들과도 서로 도우며 같은 목표를 품게 해주세요. 자신이 맡은 분량대로 행하며 화평하고 조화롭게 교회를 세워가게 해주세요. 말씀대로 저희를 그리스도의 충만하심의 경지에까지 이르게 하실 줄 믿고 성령의 도우심을 간절히 바랍니다. 주께서 허락하신 자리에서 온유하고 겸손하신 예수님을 본받아 닮아가고, 영적 분별과 지각으로 몸과 마음을 깨끗하게 하는 일과 하나님의 일을 생각하는 새해가 되게 해주세요. 새롭게 하시며 새날의 주인 되시는 예수님의 이름으로 기도합니다. 아멘.

RENEW

date　・　・

우연히 땅을 파다가 보물상자 하나를 발견했다고 가정해보세요. 당신은 그 안에 어떤 보물들이 들어 있길 바라나요? 열린 보물상자 안에 원하는 다섯 가지 보물을 그림이나 글로 표현해보세요. 장수, 권력 등 눈에 보이지 않는 것도 좋습니다.

신명기 28:1-14

1 네가 네 하나님 여호와의 말씀을 삼가 듣고 내가 오늘 네게 명령하는 그의 모든 명령을 지켜 행하면 네 하나님 여호와께서 너를 세계 모든 민족 위에 뛰어나게 하실 것이라

2 네가 네 하나님 여호와의 말씀을 청종하면 이 모든 복이 네게 임하며 네게 이르리니

3 성읍에서도 복을 받고 들에서도 복을 받을 것이며

4 네 몸의 자녀와 네 토지의 소산과 네 짐승의 새끼와 소와 양의 새끼가 복을 받을 것이며

5 네 광주리와 떡 반죽 그릇이 복을 받을 것이며

6 네가 들어와도 복을 받고 나가도 복을 받을 것이니라

7 여호와께서 너를 대적하기 위해 일어난 적군들을 네 앞에서 패하게 하시리라 그들이 한 길로 너를 치러 들어왔으나 네 앞에서 일곱 길로 도망하리라

8 여호와께서 명령하사 네 창고와 네 손으로 하는 모든 일에 복을 내리시고 네 하나님 여호와께서 네게 주시는 땅에서 네게 복을 주실 것이며

9 여호와께서 네게 맹세하신 대로 너를 세워 자기의 성민이 되게 하시리니 이는 네가 네 하나님 여호와의 명령을 지켜 그 길로 행할 것임이니라

10 땅의 모든 백성이 여호와의 이름이 너를 위하여 불리는 것을 보고 너를 두려워하리라

11 여호와께서 네게 주리라고 네 조상들에게 맹세하신 땅에서 네게 복을 주사 네 몸의 소생과 가축의 새끼와 토지의 소산을 많게 하시며

12 여호와께서 너를 위하여 하늘의 아름다운 보고를 여시사 네 땅에 때를 따라 비를 내리시고 네 손으로 하는 모든 일에 복을 주시리니 네가 많은 민족에게 꾸어줄지라도 너는 꾸지 아니할 것이요

13 여호와께서 너를 머리가 되고 꼬리가 되지 않게 하시며 위에만 있고 아래에 있지 않게 하시리니 오직 너는 내가 오늘 네게 명령하는 네 하나님 여호와의 명령을 듣고 지켜 행하며

14 내가 오늘 너희에게 명령하는 그 말씀을 떠나 좌로나 우로나 치우치지 아니하고 다른 신을 따라 섬기지 아니하면 이와 같으리라

RENEW

말씀에 순종함으로
주 안에서 복을 누리고 나누겠습니다

- 하나님의 축복은 어떤 전제를 기반으로 하나요?(14절)

- 주께서 하나님의 명령을 지키고 그 길로만 걷는 자에게 맹세로 약속하신 것은 무엇인가요?(9-10절)

- 복을 말하기 전에 먼저 주님과의 관계를 점검해보세요. 진정 예수님이 당신 삶을 주관하시는 '주'이고, 순종과 불순종에 대해 합당하게 보응하시는 분임을 믿나요? 어떤 형편에 처하든 '내가 나 된 것은 하나님의 은혜로 된 것'(고전 15:10)임을 고백하는 새해 되시길 소망합니다.

- 복을 받기 위해 순종하는지 하나님을 사랑하므로 순종하는지, 그리고 순종을 복을 받기 위한 수단으로 생각하는지 복의 근원이신 하나님께 대한 반응이라 생각하는지 점검해보세요. 새해에는 주님의 말씀을 기쁘게 순종함으로 은혜의 복이 임하고 더 나아가 복의 통로가 되시길 축복합니다.

- 성경을 펼쳐 예수님께서 말씀하신 '팔복'(마 5:3-10)도 함께 묵상해보세요.

복의 근원이신 하나님 아버지,

주님은 나의 하나님이시며 저는 주님의 언약 속에 있음을 믿음으로 고백합니다. 하나님과의 참된 관계 속에서 하늘의 신령한 복과 땅의 기름진 복을 받아 누리게 해주셔서 감사합니다.

복되신 주님, 주를 사랑함으로 주의 말씀에 귀 기울이고 주를 경외함으로 주의 말씀에 순종하기 원합니다. 제가 다른 어떤 것이 아닌 온전히 주님만 섬기고 주님 안에 거하길 소망합니다. 새해에도 제 발걸음이 치우치지 않도록 붙들어 주세요. 푯대이신 주님의 약속의 말씀만 바라보게 해주세요. 주께서 허락하시는 모든 것이 완전하며 주 안에서 누리는 복이 평안과 기쁨과 영광을 주는 참된 은혜임을 선포합니다. 제가 주님이 원하시는 복 있는 사람이 되어 하나님 나라의 복을 나누는 통로가 되게 해주세요. 제 모든 간구 속에 '하나님의 나라와 하나님의 의'를 위한 구함이 가장 먼저가 되게 해주세요. 제 삶 속에 주의 나라가 실현되고 주의 뜻이 이루어질 줄 믿고 감사드립니다. 저를 기뻐하며 복 주기 원하시는 나의 주 하나님, 예수 그리스도의 이름으로 기도합니다. 아멘.

RENEW

date ・ ・

내가 진짜 원하는 것을 상대방이 알아주면 관계가 더 두터워지기도 합니다. 그렇다면 하나님께서 당신에게 원하시는 것은 무엇일까요? 떠오르는 대로 모두 써보세요. 답은 바로 뒷장에 있습니다.

민수기 6:24-26
예레미야 29:11-13

민수기 6:24-26

24 여호와는 네게 복을 주시고 너를 지키시기를 원하며

25 여호와는 그의 얼굴을 네게 비추사 은혜 베푸시기를 원하며

26 여호와는 그 얼굴을 네게로 향하여 드사 평강 주시기를 원하노라 할지니라 하라

예레미야 29:11-13

11 여호와의 말씀이니라 너희를 향한 나의 생각을 내가 아나니 평안이요 재앙이 아니니라 너희에게 미래와 희망을 주는 것이니라

12 너희가 내게 부르짖으며 내게 와서 기도하면 내가 너희들의 기도를 들을 것이요

13 너희가 온 마음으로 나를 구하면 나를 찾을 것이요 나를 만나리라

- 하나님의 축복을 말해주고 선언하는 제사장 사명의 내용은 무엇인가요?(24-26절)

- 주께서 우리를 두고 계획하시는 일들의 결과는 어떻게 나타나며(11절) 고난과 시련 중에 주님을 만나는 길은 무엇인가요?(12-13절)

- 새해를 맞아 '왕 같은 제사장'으로서 당신이 민수기 말씀을 그대로 전하고 선언할 사람은 누구인가요? 당신에게 예수님의 이름으로 축복을 전해준 이들에게도 감사의 마음을 담아 이 말씀을 전해보세요.

- 현재의 고난이 미래의 희망을 위한 주님의 선하신 뜻임을 신뢰하나요? 예레미야 말씀을 암송하며 새해의 푯대가 되는 약속으로 삼으세요. 내일은 희망의 날이므로 오늘의 고난을 인내하며 견딜 마음의 소망이 당신 안에 자리하고 있나요? 새해의 날들을 살아갈 나를 향해 민수기 말씀을 큰 소리로 선언하세요.

전능하신 삼위 하나님,

새해를 시작하며 예수 그리스도의 이름으로 축복을 선언합니다. 하나님은 주의 자녀들에게 복을 주시고 그들을 지키시기를 원하며 예수님은 그의 얼굴을 온 세상에 비추사 은혜 베푸시기를 원하며 성령님은 그 얼굴을 이 땅의 교회로 향하여 드사 평강 주시기를 원합니다.

주의 이름으로 축복하면 그들에게 복을 주겠다고 약속하신 하나님, 예수 그리스도의 이름으로 축복하게 하심이 얼마나 크고 놀라운 사명인지요! 삼위 하나님은 지금 이 순간에도 환난 당한 사람들과 빚에 시달리는 사람들과 원통하고 억울한 일을 당한 사람들을 보호하시며 은혜 베풀어 주시고 평강 주시길 간절히 원하십니다. 은혜와 사랑의 주님, 저희가 주 안에서 하나 되어 주의 이름으로 서로 축복하고 축복 받는 새해가 되게 해주세요. 성도들과 함께 주께 나아가 하나님을 찾고 부르짖으며 삼위 하나님과 만나는 은혜의 해가 되게 해주세요. 내일의 희망을 품고 삼위 하나님과 친밀하게 동행하는 새해가 되게 해주세요. 축복과 희망을 주시는 주, 예수님의 이름으로 기도합니다. 아멘.

....

....

....

....

....

....

....

....

Behold, I am coming soon!
My reward is with me, and I will give to everyone according to what he has done.
I am the Alpha and the Omega, the First and the Last, the Beginning and the End.

보라 내가 속히 오리니
내가 줄 상이 내게 있어 각 사람에게 그가 행한 대로 갚아 주리라
나는 알파와 오메가요 처음과 마지막이요
시작과 마침이라 계 22:12-13

예수님과 함께하는 연말결산
말씀으로 이끄시는 새해결심

초판인쇄 • 2024년 10월 30일
초판발행 • 2024년 11월 5일

지은이 • 원의숙. 헤이필드
그 림 • 권담
북프로듀서 • Mt.Moriah · Olive · Zion

발행처 • 비홀드
등 록 • 2019년 8월 2일 제409-2019-000037호
주 소 • 경기도 김포시 월곶면 용강로57번길 86 B동 2호
전 화 • 070 4554 3917
이메일 • beholdbook@daum.net
인스타그램 • www.instagram.com/beholdbook

©비홀드, 2024
ISBN 979-11-93179-13-0(03230)
값 12,000원